Erzählartistik zugunsten einer deutschen Wende im Spätwerk Alfred Döblins

von

AF209854

Friedrich Wambsganz

Eine Analyse der Erzählstrategie, der Struktur und der Stilmittel
von Döblins Romanen
<November 1918> und <Hamlet oder Die lange Nacht nimmt ein Ende>

Wambsganz, Friedrich

Erzählartistik zugunsten einer deutschen Wende
in Alfred Döblins Spätwerk

ISBN 3-8334-1030-2

Drucklegung Mai 2004

Herstellung und Verlag:

Books on Demand GmbH,
Gutenbergring 53
22848 Norderstedt

ISBN 3-8334-1030-2

Cover-Design: Marie Wambsganz

Erzählartistik zugunsten einer deutschen Wende
in Alfred Döblins Spätwerk

Gliederung

Vorwort: Künstlerische Wiedergabe existenzieller   3
Auseinandersetzungen

1   Dramen über Leidvermeidung, Umerziehung und Umsturz im   5
Historischen Roman >November 1918<

1.1   Expressionistisches Wandlungsdrama in der Art Ernst Tollers   5
1.1.1 Stationendrama   5
1.1.2 Innerer Dialog   8

1.2   Sophokles´ >Antigone< als Verdichtung des   11
Widerstandsproblems
1.2.1 Motivtradition zur Befürwortung von Menschlichkeit und   11
Gerechtigkeit
1.2.2 Schulische Didaktik für Naturrecht gegen Rechtspositivismus   21

1.3   Rezeption des Experimentierenden Theaters   26
1.3.1 Erwin Piscators proletarisch-politische Bühne   26
1.3.2 Bertolt Brechts Lehrstücktheater und das dokumentarische   30
Konzept

1.4   Mythisierung des Gewaltdilemmas mit Hilfe   45
alttestamentlicher Motive

1.5   Verwendung von Elementen des Passionsspiels   58

1.6   Tragikomödie, Groteske und Satire als Formen überlegener   61
Ohnmachtsdarstellung

2   Drama über Leidursachen und Leidvermeidung im   84
     Familienroman >Hamlet<

2.1 Expressionistischer Generationenkonflikt gemäß Walter   84
     Hasenclever

2.2 Shakespeares Charakterdramen   88
2.2.1 Transfer der Hamletfrage in die Moderne und ihre Auflösung 88
2.2.2 Demontage der aristotelischen Dramenstruktur   100
2.2.3 Burleske zur Verhinderung von Identifizierung   105

3   Epische Kleinformen im Psychologischen Roman   109

3.1 Märchen und Kurzgeschichte als Allegorien zu Identität und   109
     Tarnung

3.2 Sage und Legende als vorgeformte Erklärungsmuster für   122
     Bildnis und Substanz

3.3 Problematisierung des Autors   135

Schlusswort: Artistik von Gattungen und Formen zum Zweck   155
     umfassender politischer, gesellschaftlicher und
     persönlicher Kritik

Literaturverzeichnis   158

Vorwort: Künstlerische Wiedergabe existenzieller Auseinandersetzungen

Alfred Döblin ist ein Autor, der mit Beginn der Arbeit an der >November 1918<-Tetralogie auf eine 40-jährige Schreibpraxis, überwiegend auf den Gebieten von Novelle und Roman, aber auch auf dem Feld des Essays, zurückblicken kann. Kleinere Versuche auf dem Sektor des Dramas erzielten nur geringe Resonanz. Die großen Altersromane des Dichters, vorwiegend Exil-, durchaus ebenso Rückkehr-Romane, stellen ein eigenartiges Konglomerat der konventionellen Gattungen dar, das im höchst durchdachten, kunstvollen Ineinander der epischen und dramatischen Groß- und Kleinformen singulär in der deutschen Literaturgeschichte dasteht. Die formale und gedankliche Montagetechnik Döblins bezieht sich überdies nicht nur auf die Formen der Sprachkunst, sondern genauso auf die Epochen der Literatur, angefangen vom Expressionismus über die Neue Sachlichkeit bis zur Exilliteratur und der Literatur nach dem Zweiten Weltkrieg. Der Leser sieht sich einem Kunst- und einem Sprachverständnis gegenüber gestellt, die ihm während des Rezeptionsprozesses etliches an Wohlwollen und Grundverständnis abnötigen. In den schließlich vierbändigen >November 1918<-Roman hat der Autor das expressionistische Wandlungsdrama, den klassischen Antigone-Stoff, die Errungenschaften der Proletarier-Bühne, die Pädagogik der Brechtschen politischen Lehrstücke, Mythen des Alten Testaments, Elemente des christlichen Passionsspiels und einige Satiren eingearbeitet. Der Familienroman >Hamlet oder Die lange Nacht nimmt ein Ende< bleibt nicht hinter dieser Fülle von Sprachartistik zurück. Auch hier finden sich das expressionistische Wandlungsdrama, die Shakespeareschen Charakterdramen und mehrere epische Kleinformen. Sämtliche Kunstarten bündeln sich im Rahmen der umfassenden Zielsetzung dieser beiden gewaltigen Psychologischen und zugleich Politischen Romane, nämlich aufzuweisen, wie das deutsche Schicksal anders verlaufen wäre, wenn die Revolution von 1918 Erfolg gehabt hätte. Die schwierige Wandlung der deutschen Gesellschaft hätte in der Rückschau des Autors und im Blick auf die Gegenwart der vierziger und fünfziger Jahre nur gelingen können, wenn sowohl Staatstruktur als auch das

3

Politikverständnis der meisten Bürger und noch dazu der einzelne Mensch selbst veränderungsfähig gewesen wären oder es wenigstens nach dem Zweiten Weltkrieg seien. Deswegen nimmt Alfred Döblin nicht einfach die deutsche Geschichte ins Visier, sondern er debattiert die Wandlungsfähigkeit des Menschen bis in dessen innerstes Selbst hinein. Nur kriegsbeschädigte Menschen können in der Warte dieses Autors die Furchtbarkeit der Weltkriege aus dem eigenen Schaden heraus ermessen, weshalb der Psychiater-Schriftsteller das Neufinden einer ethisch haltbaren und absolut selbständigen inneren Bastion an den schmerzlichen Ich-Findungs-Prozessen seiner beiden passiven Helden Friedrich Becker, dem Exoffizier und Gymnasiallehrer in >November 1918<, und Edward Allison, dem beinamputierten Exsoldaten und Schüler in >Hamlet oder Die lange Nacht nimmt ein Ende<, experimentierend testet. Die kriegserfahrene mittlere und jüngere Generation werden den kritischen Fragen eines Dichters ausgesetzt, der nicht bloß an seinem Emigranten- und jüdischen Schicksal leidet, sondern der die beiden Weltkriege als moralisches Versagen jedes Einzelnen und einer gesamten Nationalgesellschaft und letztlich der globalen Menschheit an sich empfindet. Die literarische Artistik Döblins steht im Dienst des Leidens am deutschen und am gesamten menschheitlichen Desaster. Die literarischen Montagen mit allen Formen und Epochen der Kunstgeschichte erwachsen aus der Sorge um ein humanes Staatswesen; daher geht der Dichter dem deutschen und dem allgemeinen Versagen nach und erhofft sich einen Lerneffekt bei den einzelnen Mitgliedern jeder Gesellschaft. Weil er selber ein Geschädigter und Verkannter ist, weiß er, dass selbst ein gründlich und vielfältig analysierender Autor nur ein Rufer in der Wüste sein kann. Die beiden Alterswerke verbinden gemäßigte Hoffnung und auflehnende Resignation aus der Leidenserfahrung sowohl der Hauptfiguren als auch des Dichters selbst. Die Sprachartistik Döblins hat keine primäre oder bloß isolierte formale Funktion, sie ist nicht einfach Spiel mit Erzähl- und Debattierweisen, sie dient der Absicht, Reflexion über Krieg und Frieden, über Unfähigkeit und Fähigkeit für ein strukturell und personal verankertes Humanum zu evozieren.

1 Dramen über Leidvermeidung, Umerziehung und Umsturz im Historischen Roman >November 1918<

1.1 Expressionistisches Wandlungsdrama in der Art Ernst Tollers

1.1.1 Stationendrama

Inmitten des Geschichtsromans >November 1918< befindet sich als eigenständiger Block ein expressionistisches Wandlungsdrama, das offensichtlich dem bekannten Verkündigungsdrama Ernst Tollers >Die Wandlung< aus dem Jahr 1919 nachgestaltet ist. In beiden Werken wandelt sich ein Held namens Friedrich vom Anhänger einer bisher nicht reflektierten imperialistischen Staatsauffassung zum Gegner militärischen Gewaltgebrauchs. Beckers Entwicklung ist unschwer als Folge von sechs Szenen zu betrachten, die genauso wie in Tollers Stationendrama dreizehn einzelne Bilder umfassen. Die „schattenhaft wirklichen" Traumszenen bilden die Vorlage für Friedrichs innerliche Diskurse auf der Folie psychiatrischer Vorgänge. Doch die Abstraktheit und Pathetik des expressionistischen Bühnenstücks wird überwunden durch die Verwendung konventioneller Sprachmuster. Konnte der jüdische Bildhauer Friedrich am Ende des Werkes noch rhythmisch deklamieren („Brüder recket zermarterte Hand, flammender freudiger Ton! Schreite durch unser freies Land, Revolution! Revolution!"[1]), so formuliert Becker, nachdem er eine Antwort auf seine Suche nach einer metaphysischen Basis im Matthäus-Evangelium gefunden hat, in individuellem Zuschnitt, wie es seiner grüblerischen Veranlagung entspricht:

„Du bist nicht das graue schreckliche Schicksal der Griechen, das unentrinnbare Faktum, das Orakel spricht. Du bist uns nachgekommen in unsere Tierhöhle. Nun – kann ich mein Ich ansehen, ohne zu erschauern und zu verzweifeln [...] Ja, es gibt Himmel und Erde und Hölle – Gerechtigkeit, Strafe und Erhebung. Oh, welche Wohltat, welche Befreiung, das zu wissen!" (>Heimkehr der Fronttruppen<, S. 290 f)

---

[1] Ernst Toller: >Die Wandlung. Das Ringen eines jungen Menschen<, Potsdam 1919, im Sammelband >Der dramatische Wille<, S. 94

Döblins Auffassung hinsichtlich einer wirksamen Konzeption und Rezeption der Thematik vom `Neuen Menschen´ in der Epoche des Expressionismus ist belegbar in der Rezension des Tollerschen Bühnenstücks >Die Maschinenstürmer< aus dem Jahre 1922, in welcher der Autor das Stationendrama >Die Wandlung< als das gelungenste Werk eines Schriftsteller-Kollegen bezeichnet hat (den er wegen gegenseitiger Wertschätzung Mitte Mai 1939 anlässlich seiner Teilnahme am PEN-Kongreß in New York – ohne etwas von Tollers Suizid-Vorhaben zu bemerken – besucht hat[2]):

„Zu starke Charakteristik würde sicher der Kunstgattung widersprechen. Der entgegengesetzte Fehler wird dauernd erreicht: keine Charakteristik, daher blutlose Rhetorik. Schmerz, Jammer, Entrüstung, Wut, die aber allgemeiner Schmerz, Jammer, Entrüstung, Wut sind, nicht Leiden der Menschen auf der Bühne. Der Schmerz wird nicht erkenntlich geboren aus dem Erleben dieser Menschen. Er schwebt wie eine Hegelsche Idee über ihnen, das schon längst bekannte gefährliche Abstrakte, Trockene, Dürre dieser Dramen."[3]

Die in den Theaterkritiken für das >Prager Tagblatt< geforderte Konzeption einer erkennbaren Individualität des Protagonisten – unter Beibehaltung der im Rahmen der Kunstepoche durchaus berechtigten Typisierung – und der Verankerung des expressionistischen Schreis in Charakteristik und Handlung verwirklicht der Autor zwanzig Jahre später im Wandlungsprozess des kriegsversehrten Exoffiziers und Gymnasiallehrers Friedrich Becker. Dessen Suche nach Erneuerung gewinnt Anschaulichkeit und typgerechte Glaubhaftigkeit durch eine in sechs Phasen gestaltete Entwicklung, welche entlang den für Döblin kennzeichnenden Determinanten `Psychologie´ und `Religion´ verläuft und den Aufbau und den Verfall der Persönlichkeit des Helden umgreift. Die Hauptschritte des subjektiven Leidensprozesses Beckers weisen Untergliederungen auf, die der kritischen Überprüfung oder der Bekräftigung durch eine variable Erzählerfigur dienen, die ihrerseits die vom Autor zugewiesene Funktion erfüllt, die Utopie vom `Neuen Menschen´ des expressionistischen Dramas als eine Heilungsmöglichkeit für das Leiden an einer falschen Gesellschaftsordnung durchzuspielen. Die Entwicklung der Hauptfigur nach innen und die Bewährung der erreichten Position

---

[2] Jochen Meyer in >Katalog des Schiller-Nationalmuseums<, S. 40
[3] Alfred Döblin: >Ernst Toller: Die Maschinenstürmer<, in >Die Zeitlupe<, S. 49

nach außen wird in aktartigen Abschnitten vorgeführt, die jeweils für sich Bedeutung haben, wie es für das expressionistische Drama, das die Suche nach einem überzeitlichen Halt in den Mittelpunkt einer betont inneren Handlung stellt, bezeichnend geworden ist. Die stoffliche Verdichtung ist auf das Wandlungsideal Friedrichs, der Ethik der Gewaltlosigkeit, zugeschnitten. Es handelt sich bei diesem Kampf für Erneuerung um ein Ideendrama, welches gleichmäßige Verteilung der Spannung aufweist. Der Erzähler steht allerdings der Hauptfigur während der ausdrücklich als „Erleuchtung" überschriebenen Station besonders nahe und entfernt sich kontrastierend vom Protagonisten während dessen anarchistischer Protestanwandlungen. In allen Stationen ist die Erzähler und Figur verbindende grundsätzliche Ablehnung von Gewalt und Ungerechtigkeit thematisiert. In der Mitte dieses Wandlungsdramas zugunsten des reinen Ideals, das zu einem gemäßigten Ideal reduziert wird, steht keine Peripetie im aristotelischen Sinn. Obwohl sich ein Umschlag der Tendenz des sich zunächst als Zieldrama darstellenden Ablaufs ereignet, stellt die vierte Station keinen Mittelpunkt dar. Jede Phase ist eigentlich Einzeldrama hinsichtlich Wunsch und Realität. Die Verbindungslinie der sechs Phasen liegt in der Überzeugung des Helden für eine ihm vorgegebene Legitimierung des pazifistischen Ideals. Die stärkste Untermauerung dieses Ethos findet sich in der zweiten Station, die der biblischen Christlichkeit gewidmet ist. Retardierende Momente sind in die erste, vierte und fünfte Station einbezogen. Im Einzelnen gliedert sich das Wandlungsdrama über das läuternde Leiden des Protagonisten in folgende Stationen und Bilder: 1. Schritte zum Selbst (Brasilianer, Löwe, Ratte) – 2. Christentum gemäß Kierkegaard – 3. Vertreten der biblisch-christlichen Position (Militärpfarrer, Antigone, Schulleiter) – 4. Unfreiwillig-freiwillige Revolutionsteilnahme – 5. Depersonation (Sexualismus, Kirchenstörungen, Verwahrlosung) – 6. Lebensende des Helden (Todeskampf, Erlösung). Der Autor betrachtet also im Wesentlichen den Lernvorgang während des seelischen Leidens und das Ringen um eine ethisch-metaphysische Bastion als besonders für die Dramenform geeignet.

1.1.2 Innerer Dialog

Die Rezeption des Tollerschen Wandlungsdramas durch Döblin gewinnt im Sinne der Theaterrezensionen des Autors an Bildkraft und Wucht durch die dem Helden gegenüber tretenden Personen, die diskutierend die Entwicklung Beckers fördern. Sogar diejenigen Gesprächspartner des Protagonisten, die ihn zu verstärkter Selbsterkenntnis und Zivilcourage auffordern, wie der Brasilianer und der Löwe, vertreten eine Gegenposition, da Becker vor der Bejahung seines innersten Selbst Angst hat. Eine ausgeprägte psychologisierende Erzählweise, die mit Projektionen eines Ichs nach außen arbeitet und die emotionalen Prozesse durch gefährlich erscheinende Traumsymbolgestalten zusätzlich dramatisiert, benötigt den Dialog, um argumentativ eine Reaktion der Hauptperson auf das zunächst Gemiedene hin auszulösen. Ein als existenzieller Leidensprozess begriffenes Innenleben wird mit Hilfe irrealer Gestalten theatralisiert. Die Verfahrensweise des Platonschen Dialogs findet Verwendung für eine anspruchsvolle Diskussion über die Notwendigkeit der deckungsgleichen Überlagerung von Oberflächen-Ich und Tiefen-Ich. Der Autor betont das geistige und didaktische Element eines Wandlungsvorgangs, da diese Traumszenen des expressionistischen Theaters ohnehin kaum spielbar wären und zu leicht in die Komik abgleiten könnten. Als besonders sachgerecht erweist sich die Verstärkung der dramatischen Gattung durch die Gestaltung des Dialogs mit einer hemmenden und desillusionierenden Gegenposition. Durch den für Becker eminent belastenden Diskurs mit der Ratte, welche schon durch das Erscheinungsbild für Held und Leser abstoßend wirkt, gewinnt der gegnerische positivistische Denkansatz an Gewicht und Gefährlichkeit. Wegen dieses theatralischen Kunstgriffs stehen sich Gewissensethik und nihilistische Entlarvung der Erziehung polar und anscheinend gleich stark gegenüber. Der innerliche Selbsteinwand gegen das Mut und Hingabe abverlangende Bekenntnis zur Friedfertigkeit, die nach Jung als Archetypus in der Tiefe der unverstellten Person zu Hause ist, wird in der personifizierten Form und argumentativen Spitzfindigkeit zur zerstörerischen Belastung. Beckers neu erlangte Identität kann dem sophistisch geschulten Sarkasmus dieses Widerparts in Tiergestalt nicht standhalten, und er begeht einen Suizidversuch. C.G. Jungs zunächst erfolgreich beschrittener Weg zum keimhaft angelegten Guten im Innersten des Protagonisten führt am Ende der ersten Entwicklungsstation in eine Sackgasse („Und was man gesagt, geflüstert und gedroht hat, ist in dir aufbewahrt, und nun faltest du die Hände, und du glaubst, die Stimme deines Gewissens tönt, und dein innerstes Ich spricht, das man dir aber vorher genommen hat." >Heimkehr der Fronttruppen<, S. 249). Die anthropozentrische Gewissensethik wird von positivistischer Banalität besiegt. Der Erzähler benützt eine Doppelstrategie: Einerseits nimmt er den Leser in Kenntnis psychologischer Mechanismen gegen Positivismus und Nihilismus ein, weil diese im Kleid der widerwärtigen Ratte auftreten, andererseits wird am Ergebnis des Dialogs erkenntlich, dass eine zersetzend eingesetzte Ideologie der Beweisbarkeit durch Empirie und Fakten die Übermacht gegenüber dem religiösen Pantheismus gewinnen kann. Die erzählerische Figuration von Emotionen und rein gedanklichen Einwänden in Gestalt eines Dialogpartners ermöglicht also über die Theatralik hinaus den Einblick in die Wirkmacht einer für den Materialismus nützlichen philosophischen Denkrichtung. Der Leser spürt genauso wie der Held, dass das Feine gar zu leicht dem Groben, das Seelische dem empirisch Messbaren unterliegen kann. Mit der Personifizierung seelischen Widerstands erlaubt sich der Erzähler zudem den Kunstgriff, die philosophiegeschichtlich belegte Beredsamkeit des Sokrates gegen den Vertreter des sittlich Guten, den wandlungsbereiten Altphilologen Friedrich Becker, einzusetzen. Der bisherige Anhänger sokratischer Weisheitslehre kapituliert vor dem Positivismus in Tiergestalt und tauscht den Platz für die Sokrates-Büste gegen die Aufhängung des für den Suizid benötigten Strickes aus: „Becker sah zu der Büste des Sokrates herauf. Er nahm sie herunter und prüfte die Festigkeit des Hakens [...] 'Vieles Gewaltige lebt, doch nichts ist gewaltiger als der Mensch'." (>Heimkehr der Fronttruppen<, S. 253) Auch der Materialismus hat die sokratische Diskussionsmethode erlernt und verwendet sie nun zur Aushebelung der von Sokrates verbreiteten anthropozentrischen Tugendethik und zur Demontage des überhöhten Menschenbildes der Klassik:

„Offenbar war es für ihn typisch, Gespräche darüber zu führen, was Frömmigkeit, Tapferkeit u.ä. sei. Bei der Suche nach einer brauchbaren Definition mussten seine Gesprächspartner dann ihre anfängliche

Selbstsicherheit bald aufgeben; so blieben die Gespräche meist ohne Ergebnis. Er selbst, sagte Sokrates, habe seinen Gesprächspartnern nur soviel voraus, dass er nicht zu wissen glaube, was er nicht wisse. So will das sokratische Gespräch erreichen, dass sich der Gesprächspartner in seiner Lebensführung nicht von einem nur vermeintlichen Wissen um das sittliche Gut leiten lässt, sondern sich um die Frage nach dem Guten ernsthaft gemüht [...] Sokrates meinte, dass aus der Einsicht in das Gute notwendig auch sittlich gute Handlungen folgen müssen, weil niemand freiwillig gegen das verstößt, was er als gut erkannt hat.[4]

Der Dialog zwischen den Weltanschauungen von christlichem Pantheismus und Positivismus findet nicht nur innerhalb des Roman-Blockes `Wandlungsdrama´ statt, sondern er wird zugleich als Grundspannung auf die gesamte Tetralogie übertragen. Der ethisch hellhörigen Innerlichkeit des Protagonisten steht eine Gesellschaft gegenüber, die nur durch manifeste Mittel wandelbar erscheint. Im Romanstoff ist der für diesen Helden nicht lösbare tragische Konflikt zwischen den konträren Positionen einer Wandlungsfähigkeit aus Einsicht und einer Gesellschaftsveränderung mittels Gewalt verankert. Das expressionistische Drama ist Bestandteil einer Hintergrund-Tragödie, die nicht durch die christliche Gläubigkeit des Helden aufgehoben wird. Friede und Gewalt, individuelle Veränderung und gesellschaftliche Verkrustung bilden einen unversöhnlichen tragischen Gegensatz. Das Scheitern des Revolutionsunternehmens beendet den Grundkonflikt zwischen dem einzelnen und der Gesamtheit nicht, da selbst die Beharrung des Bisherigen vom Protagonisten als unannehmbare Manifestierung erwiesenen Unrechts gegen die Menschlichkeit gedeutet wird.

---

[4] Michael Elser in >Enzyklopädie der Philosophie<, S. 303

1.2 Sophokles´ >Antigone< als Verdichtung des Widerstandsproblems

1.2.1 Motivtradition zur Befürwortung von Menschlichkeit und Gerechtigkeit

Alle modernen Bearbeitungen des Antigone-Stoffes halten einen engen Bezug zur Tragödie des Sophokles aufrecht. Dies gilt für die Struktur der wesentlichen Handlung, den dramatischen Konflikt zwischen Individualethik und Staatsmacht, auch für Namensgebung und Verwandtschaftsverhältnisse. Die verschiedenen Bearbeiter wandeln die Gestaltung des Spannungsbogens bezüglich ihrer Intentionen ab und betonen jeweils andere Motive bei der Konfrontation der Hauptfiguren. Die Peripetie der modellbildenden griechischen Tragödie, bestehend aus der Bestattung des Verräters Polyneikes durch seine Schwester Antigone und der Diskussion des thebanischen Königs Kreon mit seiner Nichte über göttliches Recht, und ferner konstituiert durch die Katastrophe, gebildet durch das Todesurteil gegen Antigone und dem Selbstmord ihres Verlobten Haimon, Kreons Sohn, werden trotz aller Unterschiede nicht verändert. Die Bearbeitungen der Sophokles-Tragödie im 20. Jahrhundert betonen auf dem Hintergrund der Kriegsereignisse und der gewandelten politischen und philosophischen Betrachtungsweise von Machtpolitik die Unvereinbarkeit von Gesinnungsethik mit einem formalen Rechtspositivismus. Damit verlagert sich die ideelle Tendenz der Dramatiker Hasenclever, Anouilh und Brecht auf den Humanismus Antigones; eine ethische Wertsetzung, der auch der Romanautor Döblin folgt. Die Eingebundenheit in einen übermächtigen Schicksalszusammenhang wird von den modernen Bearbeitern aufgegeben. Ebenso tritt das formale Anliegen des Sophokles, sukzessiv `Fallhöhe´ während des Handlungsablaufs herauszuarbeiten, zurück. Sophokles hatte im Rahmen einer formal durchdachten Exposition die Charaktere der Hauptpersonen vorgestellt und über den wie ein Schauspieler agierenden Chor den Kampf um Theben erzählerisch nachgetragen:

„Der Eingang der Tragödie übernimmt zwei wichtige Funktionen: Innerhalb der dialogisch-dramatischen Exposition wird das Ethos (Charakter) der Personen

akzentuiert. In der nachfolgenden Parodos wiederholt der Chor das bereits angeklungene Thema des Kampfes um Theben und der gefallenen Ödipussöhne Eteokles und Polyneikes, spart jedoch die Machtpolititk Kreons aus. [5]

Der Widerstreit der Prinzipien `Schicksal´ und `Schuld´, angesiedelt in der Götter- und in der Menschenwelt, im Drama des Sophokles wird in Walter Hasenclevers fünfaktiger Tragödie aus dem Jahre 1916 von der Opposition zwischen selbstherrlicher Staatsgewalt und dem Protest gegen Krieg und soziale Ungerechtigkeit abgelöst. Das Antigone-Modell wird während der Epoche des Expressionismus benutzt, um das aktuelle Kriegsgemetzel anzuprangern und das Missfallen an der schuldigen Staatslenkung auszudrücken. Hasenclever hat später auf die Repressionsbedingungen hingewiesen, die zur Schreibzeit des Werkes bestanden:

„Meine Nachdichtung der >Antigone< des Sophokles hatte einen politischen Zweck. 1916 geschrieben, zu einer Zeit, in der jedes freie Wort der Zensur verfiel, hatte sie die Aufgabe, im antiken Gewand gegen Krieg und Vergewaltigung zu protestieren." [6]

Auch Jean Anouilhs Bearbeitung des Antigone-Stoffes fällt in eine Kriegszeit und muss zwei Jahre nach ihrer Konzipierung in Paris 1944 die Hürden einer Zensur durch die deutsche Besatzungsmacht passieren. Dies gerade gab Anlass zur Fehlinterpretation des Bühnenstücks, da die Kontrollbehörde den offensichtlichen Sieg der Staatsraison als Grundlage für die Aufführungsgenehmigung am 4.2.1944 im Theatre de l´Atelier betrachtete und die Résistance im Nachhinein die Haltung der Heldin als Protestakt gegen ein Fremd-Regime interpretierte. Demgegenüber ist zur sachgerechten Würdigung der Autorintention die geistesgeschichtliche Position des französischen Existenzialismus stärker zu berücksichtigen. Dieser Weltanschauung geht es um die Betonung einer menschlichen Freiheit, die einer Zuordnung menschlicher Wertsetzung auf einen göttlichen Willen ablehnend gegenübersteht, um die absolute Ausgesetztheit des selbständigen menschlichen Wollens zu unterstreichen. Also erwächst im existenzialistischen Drama der

---

[5] Dieter Baldo: >Die Tragödie<, in >Formen der Literatur<, S. 400
[6] Egidius Schmalzriedt über Sophokles´ >Antigone<, in >Kindlers Neues Literaturlexikon<, Bd 15, S. 743

Konflikt nicht aus dem Gegensatz zwischen Himmel und Erde und auch nicht aus dem Kontrast zwischen einer höher zu gewichtenden Ethik, die Gott hinter sich hätte, und der autarken menschlichen Macht, sondern aus dem diametralen Gegenüber zwischen zwei repräsentativen Personen, die Träger eines selbstverantwortlichen Ja oder Nein zum Leben sind: „So begegnen sich bei Anouilh, in einer götterlosen Welt, zwei Menschen, die das alleinige Gesetz ihres Handelns aus ihrer persönlichen Haltung zum Leben beziehen."[7] Allerdings darf auch beim existentialistischen Drama der Wertgehalt der persönlichen Entscheidung nicht nur blass begriffen werden als Bekenntnis zur eigenen Überzeugung. Der Antigone-Stoff setzt im Grunde stets den Beschluss des Machthabers zum Todesurteil und die erst daraus resultierende Entscheidung der Humanistin Antigone zur Annahme des Urteils und zur Verkürzung des Leidens durch Suizid einer Überprüfung durch den Zuschauer aus. Wenn zudem die Trauer um die in Verzweiflung über Kreons Schuldspruch Hingeschiedenen im Hinblick auf eine ideelle Gewichtung durch den Autor in die Betrachtung einbezogen wird, sieht man das Dekret der autarken Fürstenpersönlichkeit in Frage gestellt. Auch in Anouilhs Bühnenstück handelt es sich um ein essentiell politisches Drama, wenn die Fehlinterpretation wegen eines gar zu vordergründigen Begriffs von `Existenzialismus´ als bloß wertfreier Freiheitsvollzug der Hauptpersonen vermieden wird. Antigone sagt nicht nein zum Leben an sich, sondern zum für sie nicht akzeptierbaren Dekret einer im Gefüge hierarchischer Gesellschaftsordnung mit Gewalt ausgestatteten Person. Die willentliche Hinnahme des Todesurteils steht deswegen bereits im Dienst eines Humanismus, der zwar das Recht einer anderen Individualität, von Freiheit einen konträren Gebrauch zu machen, erkennt, aber ethisch und künstlerisch bereits der Sorge um den falschen Gebrauch von Machtmitteln Ausdruck gibt. Weil ein atheistisch geprägter Existenzialismus (der sich meist nur als Agnostizismus entpuppt) keine Bewertung durch eine metyphysische höhere Instanz kennt, darf man nicht dem Trugschluss unterliegen, als seien die Entscheidungen der Antagonisten gleichgewichtig. Die Antigone des Existenzialismus unterstützt ein Humanitätsbewusstsein, das nicht durch einen Gott, sondern vom eigenen Gewissen getragen ist. Chaos und Suizide setzen Kreon ins

---

[7] Anneliese Botond über Anouilhs >Antigone>, in >Kindlers Neues Literatur Lexikon<, Bd 1, S. 517

Unrecht. Über der Tragik steht die selbstverantwortliche Ethik des modernen Humanismus.

Bertolt Brecht nimmt in seinem im Stadttheater Chur am 15.2.1948 zur Aufführung gebrachten Bühnenstück eine noch stärkere Akzentsetzung des Antigone-Stoffes hinsichtlich eines Humanismus vor, der Totalitarismus und Menschlichkeit als unvereinbare Phänomene zeichnet. Sein Kreon praktiziert ungehemmten Gewaltgebrauch (er `zerstückt´ Polyneikes selbst) und möchte seine Untergebenen in den eigenen Untergang mitreißen. Durch ein gereimtes Vorspiel, die >Antigone-Legende<, unterstreicht der Autor die aktualisierende Absicht, den Antigone-Stoff auch als Modell für Adolf Hitler und die Untergangsbereitschaft des Dritten Reiches einzusetzen. Brecht entfernt sich nicht nur in der Schärfe seiner Machtkritik, sondern auch bezüglich der Politisierung der weiblichen Hauptfigur von Sophokles´ Vorlage. Antigone geht es hier nicht nur um Pietätspflicht gegenüber dem toten Bruder. Sie möchte ungerechte Strukturen aufdecken und den Monarchen als den Gewalttäter an oberster Stelle entlarven. Von Gleichgewichtigkeit der Staatsgewalt und der privaten Pietät vor dem Blick der Götter wie bei Sophokles kann hier keine Rede mehr sein, auch nicht von der scheinbaren Gleichberechtigung freier Entscheidung durch Hauptpersonen, die Achtung allein wegen ihres Individualismus verdienten, wie bei Anouilh. Brecht steht Hasenclever näher, doch verharrt das expressionistische Drama primär beim Gestus der Klage. Diese Autorposition ersetzt Brecht durch krasse Anklage. Wie bei allen modernen Bearbeitungen ist auch bei ihm die Götterwelt entmythologisiert, der Mensch selbst bestimmt sein Schicksal und das der Gesellschaft:

„Stellt Sophokles dem staatspolitischen Ordnungsdenken (Kreon) die Berufung auf göttliches Gebot (Antigone) entgegen, so entkräftet Brecht des Kreons Beharren auf einer vorgeblich göttlichen Staatsordnung mit Antigones Erwiderung: `Göttlich mag sie wohl sein, aber ich wollte doch lieber sie menschlich´ [Erg.: wörtliche Übernahme der Antigone-Übersetzung Friedrich Hölderlins aus dem Jahr 1804]. Mit dem Begräbnis ihres Bruders erfüllt Antigone nicht nur eine Pietätspflicht, sie leistet, zugleich zur Nachahmung aufrufend, offenen Widerstand gegen die Gewalt. `Nach der Vorstellung der Alten ist der Mensch mehr oder weniger blind dem Schicksal ausgeliefert, er hat keine Macht darüber. Diese Vorstellung hat B.B. in seiner Nachdichtung durch

die Meinung ersetzt, dass das Schicksal des Menschen der Mensch selber ist'. (Brecht)"[8]

Döblins 1943 geschriebene Antigone-Bearbeitung ist bezüglich ihrer Entstehungszeit vor dem 1947 verfassten Schauspiel Brechts einzuordnen (wobei Brecht auf eine Akteinteilung verzichtet hat). Doch hinsichtlich der Veröffentlichung ist es umgekehrt, hierin geht Brechts Bühnenstück der Romanepisode Döblins um zwei Jahre voran. Literaturwissenschaftlich ungeklärt ist die sich nach dem Überblick auf die neueren Gestaltungen des Antigone-Stoffs ergebende Vermutung, dass bereits Sophokles' Dramatisierung des Pietätsaktes einer Ödipus-Tochter gegen das Verbot ihres in den Kategorien des Machtstaats denkenden Onkels ein sublimes aufrührerisches Element enthält, das nicht einfach durch Hinweis darauf, dass sich beide Seiten auf Verankerung ihres Wollens in der Götterwelt berufen können, entschärft wird. Antigone ist in zweifacher Weise dem König untergeordnet: Sie ist als Frau innerhalb der griechischen Gesellschaft in einer öffentlichen Angelegenheit den Männern, welche die Kriegerehre und den guten Ruf des Stadtstaats vertreten (Polyneikes hat schließlich Theben verraten und auf der Seite des Feindes gekämpft), nicht gleichgestellt. Und sie hat den Vertreter der staatlichen Macht und der richterlichen Gerechtigkeit nicht neben sich, sondern über sich. Aus dem Umstand, dass Sophokles in seiner Tragödie eine Konfrontation von staatspolitischer Tradition und Pietät gegenüber einem nicht mehr als schuldig betrachteten toten Menschen herstellt, darf auf die Funktion der Antigone-Figur als Trägerin eines neuen Humanitätsbegriffes bereits im griechischen Drama des 5. Jahrhunderts v. Chr. geschlossen werden. Das Paradigma aller folgenden Bearbeitungen dieses Stoffes vom Widerstand (mit anscheinend gleichgewichtiger Einbindung der jeweiligen Argumentation in der Überwelt) enthält den Widerspruch gegen Macht und Gewohnheit, der gerade von Dichtern, die zu ihrer Schaffenszeit Anlass hatten, gegen das aus ihrer Sicht nicht mehr zu bejahende Wollen des Staates aufzubegehren, aufgegriffen wurde und Befürwortung erfuhr.

Döblins >Antigone< findet sich als selbständiger dramatischer Teil des >November 1918<-Romans am Ende des ersten Drittels im

---

[8] Klaus Detlef Olof über Brechts >Antigone<, in >Kindlers Neues Literaturlexikon<, Bd 3, S. 75

vierten Band der Tetralogie und umfasst drei Prozent der Erzählmasse von >Karl und Rosa<. Wie alle modernen Bearbeiter belässt der Autor unverändert den durch Sophokles´ Tragödie vorgelegten Grundkonflikt zwischen Gewissensethik und Rechtspositivismus, wobei das Attribut „göttlich" in merklicher Akzentsetzung pro Antigone nur der Individualethik beigemessen wird („Göttliches Recht oder Staatsrecht", >Karl und Rosa<, S. 222). Ansonsten handelt es sich um eine eigenwillige Verarbeitung der griechischen Vorlage, die sich von den anderen modernen Dramentexten durch vier Besonderheiten abhebt. Das erzählte Bühnenstück verläuft auf einer Ebene der Transformierung, da Studienrat Dr. Becker die >Antigone< des Sophokles vor seiner Abiturklasse im Griechischunterricht bespricht. Dazu wird die Tragödie in den gesamten, vom selben Autor gestalteten Motivkreis eingebettet (>König Ödipus< und >Ödipus auf Kolonos<), so dass plötzlich wieder die griechische Vorstellung der alles beherrschenden Moira – allerdings zusätzlich angereichert durch die psychologische Implikation des Ödipus-Mythos, welcher auf den natürlichen und erzieherischen Schicksalszusammenhang der Generationen um 1900 abhebt – Bedeutung erlangt. Schuld und Strafe gewinnen eine neue Aktualität vor dem Hintergrund des Gedankens von allgemeiner Schuld, der jedoch, um die Diskussion dieses emotionsgeladenen Phänomens zu entkrampfen, gesamteuropäisch definiert wird: „Wir alle, jung oder alt, die leben, die vor dem Krieg gelebt haben und am Krieg teilnahmen, hüben und drüben, sind schuldig. Das Ganze ging in den Krieg, das Volk, und wurde bestraft." (>Karl und Rosa<, S. 223). Ein sich keiner Epoche voll zuordnender Autor stellt nun das für den Expressionismus typische Generationenproblem in umgekehrter Weise in den Mittelpunkt einer gleichzeitig ablaufenden Werk- und Rezeptionsanalyse. Es soll die nahtlose Einbindung der Jugend in den verhängnisvollen Nationalismus und Militarismus der Eltern bewusst gemacht werden:

„Einer, ein einzelner, hatte in der Vergangenheit also eine Schuld begangen, wie in der Biblischen Geschichte Adam. Aber diese Schuld, die Schuld dieses einen, war groß, weil sie sich gegen die göttliche Macht richtete. Das Leiden der Kinder erscheint als eine Folge der Schuld der Eltern und Voreltern [...] Friedrich blickte in die Klasse hinein und schloss die Augen. Sie waren die Kinder, die

Erben, herangewachsen, während man draußen im Krieg lag. Sie übernahmen die Schuld der Eltern – und wussten nichts." (>Karl und Rosa<, S. 193)

Außerdem nimmt Döblin hinsichtlich des Schlusses des Antigone-Stoffes Veränderungen vor. Er verzichtet auf die Benennung der Suizide in der Katastrophe der Tragödie und erinnert durch die Bildung eines inhaltlichen und formalen Rahmens an die moralische Verpflichtung gegenüber dem toten Polyneikes („Der eigentliche Held des Stückes ist nicht sie, sondern – der tote Polyneikes [...] Denn was er fordert, ist sein Recht. Sie spricht für ihn und bringt seine Argumente vor [...] Wir sollen mit Ehrfurcht und Schauern auf das Jenseits unserer sichtbaren Existenz blicken." (>Karl und Rosa<, S. 226) Indem Döblin das Ende der >Antigone<-Tragödie durch eine Erinnerung an den Anlass des Konfliktes über Gewissenspflicht und Gehorsam ersetzt, erreicht er strukturell eine Verstärkung der Form des geschlossenen Dramas und inhaltlich eine Intensivierung der dem Paradigma des Sophokles bereits innewohnenden religiösen Ethik, welche die Verbindung der menschlichen Geistseele mit dem Wollen überweltlicher Mächte herstellt. Die für Beckers eigene Wandlung kennzeichnende Verbindung zwischen anthropologischer und zugleich offenbarungsmäßiger Absicherung einer Ethik der Mitmenschlichkeit erweist sich in der Sichtweise Döblins als zentral in Sophokles´ Werk verwurzelt:

„Nun Antigone. Grade sie freilich können wir beinah ohne die alte Schicksalsidee erfassen, und das hat auch das Stück so frisch erhalten. Sie handelt, jedenfalls zunächst, ganz aus ihrem Gefühl heraus. Der Gefallene ist einfach ihr Bruder. Sie lässt sich in diesem Gefühl nicht beirren – und da kann der König dies oder jenes befehlen [...] `noch schien es mir, dass deine Dekrete von solcher Kraft wären, dass ein Sterblicher ihretwegen die ungeschriebenen und unfehlbaren Anweisungen des Himmels beiseite schieben dürfte.´" (>Karl und Rosa, S. 197 u. 199)

Zugleich bewirkt dieser Schluss des Dramas im Roman, dass die Verknüpfung des Antigone-Stoffes durch die Becker-Handlung des Romans (und damit auch mit dem expressionistischen Wandlungsdrama im Roman) verdeutlicht wird. Becker gleicht Antigone insofern, als sein introjiziertes Bild von den jungen, zum Bahnhof und damit in den Tod ziehenden Soldaten eine stete

Mahnung für seine Suche nach einer Ethik des Friedens darstellt. Der ins Seelische und Jenseitige gewendete Schluss reduziert die ursprüngliche Tragödie nicht zum bloßen Drama. Es gibt freilich keine Katastrophe mehr, welche die Unentrinnbarkeit vor dem Ratschluss des Himmels[9] bewusst macht oder den Irrtum der Menschen vor Augen führt, die reine Gerechtigkeit erreichen zu können, die Schaden verhindert und beide Seiten zufrieden stellt – dann wäre auch die Substanz des Tragischen dahin. Es bleiben in Döblins Auffassung wesentliche Momente der Tragödie erhalten, indem sein Held vor der Jugend mit seiner gesamten Antigone-Interpretation scheitert, was nicht nur das Ende seiner kurzen Wiederaufnahme des Berufslebens bedeutet, sondern die Nicht-Vermittelbarkeit einer pazifistischen Ethik angesichts einer nationalistisch und militaristisch gesonnenen Jugend meint. Es handelt sich nicht mehr um einen Tragödienkonflikt zwischen der Meinung des Menschen und dem den Göttern vorbehaltenen Recht, über das menschliche Schicksal zu bestimmen, sondern um eine Tragödienkonzeption über das Versagen der Götter, vertreten durch Antigone und den die Antigone interpretierenden Becker, am verstockten Menschen. Dieses vergebliche Anrennen eines Helden, der in säkularer Weise Göttliches vertritt gegen die Unbelehrbarkeit der Menschen, stellt die Berechtigung dar, den Begriff `Tragödie´ für die Antigone-Passage aufrecht zu halten. Und schließlich verursacht dieses Scheitern an der Gesellschaft in der Gesamtlinie der Romanhandlung den Tod des Helden. Auch auf der Ebene der Metatextualität innerhalb von Beckers Besprechung des Antigone-Stoffkreises findet sich der formale Anspruch auf die Bezeichnung `Tragödie´:

„Die menschliche Freiheit, die persönliche Freiheit, ist für uns die Voraussetzung für die Verantwortung. Sie ist das Kernstück der Tat. Wir werden, denke ich, ein Drama dann eine Tragödie nennen, wenn in ihm ein Held mit ganzer Kraft etwas Großes und Würdiges erstrebt, das aber menschliche Kräfte übersteigt." *(>Karl und Rosa<, S. 192)*

Aus der subjektiv unterschiedlich gedeuteten Selbstverantwortung der Hauptpersonen entsteht der tragische Konflikt, der Unterschied

---

[9] Dieter Baldo: >Die Tragödie<, in >Formen der Literatur<, S. 398

zwischen Trauerspiel und Tragödie erwächst aus der einem Dramenhelden integrierten oder gegenübergestellten Metaphysik. Ob ein Held nach Abschluss seines irdischen Geschicks Verdammung oder Erlösung durch Gott oder die Götterwelt zu erwarten hat, sollte nicht das entscheidende Kriterium der Gattung `Tragödie´ ausmachen, auch nicht, dass der Ratschluss der himmlischen Mächte dem Menschen nicht erkennbar ist. Für die einem modernen Roman einbezogene, auf die Moderne hin interpretierte Antigone-Dramatik kann der gesuchte Bezug zur Transzendenz als das wesentliche Moment betrachtet werden, das eine Tragödie auch im 20. Jahrhundert konstituiert. Alfred Döblin geht dramentechnisch mit einem entmythologisierten Begriff von `Götterwelt´ um. Die höheren Mächte erscheinen nicht mehr als letztlich bestimmendes Agens im Hintergrund, sie bilden nur den Topos für höchstes und absolutes sittliches Wollen eines Helden. Antigone ist die Vertretung göttlicher Prinzipien übertragen. Ein Weltbild bleibt zugegen, doch nicht das vom verfehlten menschlichen Streben nach absoluter Gerechtigkeit (Untergang der Kontrahenten und ihrer Verwandten am Schluss der >Antigone< des Sophokles), welche letztlich der Allmacht oder gar der den Göttern zugestandenen Willkür überlassen wird, sondern eines, das den göttlichen Willen über das Humanum an einen zum Selbstopfer bereiten Menschen delegiert ansieht. Dass dabei in gewisser Weise mit dem Helden gleichzeitig die Götter oder Gott zu scheitern scheinen, stellt eine philosophische Aussage über die Eigenständigkeit der Welt dar, die von modernen Dichtern entweder deistisch oder neopantheistisch begriffen werden kann. Die Tragödien-Definition Gero von Wilperts bleibt hinter der künstlerischen Verwirklichung einer entmythologisierten, aber keinesfalls entschwundenen Jenseits-Auffassung moderner Autoren zurück:

„Tragödie ist [...] dichterische Gestaltung der Tragik als Darstellung eines ungelöst bleibenden tragischen Konflikts mit der sittlichen Weltordnung, mit einem von außen herantretenden Schicksal usw., der das Geschehen zum äußeren oder inneren Zusammenbruch führt, doch nicht unbedingt im Tod des Helden, sondern in seinem Unterliegen vor dem Ausweglosen gipfelt."[10]

---

[10] Gero von Wilpert: >Tragödie<, in >Sachwörterbuch der Literatur<, S. 797

Weder das Weltbild des mittelalterlichen Christentum, noch neuzeitlicher Pessimismus sollten den Begriff `Tragödie´ zum `Trauerspiel´ verdünnen, nur weil im Vergleich zum Jenseits und Diesseits klar trennenden Weltbild der Griechen ab dem Mittelalter ein gar zu geschlossenes oder seit dem 19. Jahrhundert ein bis zum Nihilismus hin aufgelöstes Bild der gesamten Wirklichkeit vorliegt. Dieter Baldo hat dieser Unsicherheit gegenüber der definitorischen Füllung des Tragödienbegriffs für die Belange der Moderne nur blanke Deskription entgegenzusetzen:

„Mit der Überwindung der klassizistischen Konventionen (Regeldramatik) geraten die Grenzen der Gattung immer mehr in Bewegung. Die Vielfalt der Möglichkeiten ergibt sich nunmehr aus dem `subjektiven Ausdrucksdrang´. Diese einsetzende Subjektivität und das mangelnde Interesse des `Sturm und Drang´ an Gattungsunterschieden führt zu einer rein philosophischen Auseinandersetzung mit dem Begriff des Tragischen. Szondi lässt sie 1795 mit dem letzten der `Philosophischen Briefe über Dogmatismus und Kritizismus´ von Schelling beginnen. Was die Philosophen von Schelling bis Scheler beherrscht, ist weniger die Ergründung der Praxis von Drama und Theater oder die Frage nach der Poetik der Tragödie als das Suchen nach der unveränderlichen Substanz tragischer Situationen. Das `Tragische´ wird zu einer allgegenwärtigen Wesensform. In Schopenhauers `Die Welt als Wille und Vorstellung´ heißt es: `Was allem Tragischen, in welcher Gestalt es auch auftrete, den eigentümlichen Schwung zur Erhebung gibt, ist das Aufgehen der Erkenntnis, dass die Welt, das Leben, kein wahres Genügen gewähren könne, mithin unserer Anhänglichkeit nicht wert sei: darin besteht der tragische Geist: er leitet demnach zur Resignation hin.´"[11]

Demgegenüber gestaltet Döblin den Tragödienstoff der >Antigone< keineswegs aus der Erkenntnis der Ergebnislosigkeit einer weltverbessernden Absicht heraus. `Schicksal´ ist bei ihm nicht Diktat höherer Möchte und auch nicht ein unbeeinflussbarer Lauf der Welt. Aus einer ändern wollenden Verpflichtung für eine integrierte und zugleich als göttlich gedeutete Humanität kämpft seine Heldin und mit ihr der Interpret Friedrich Becker gegen die kühle Sachlichkeit und die Willkür der Macht. Ihr Unterliegen geschieht nicht aus einem Einverständnis des Autors gegenüber dem negativen Lauf der Welt,

---

[11] Dieter Baldo: >Die Tragödie<, in >Formen der Literatur<, S. 413 f

sondern aufgrund der erkannten Notwendigkeit des Aufbegehrens gegen Ungerechtigkeit, auch wenn sich kein unmittelbarer Erfolg einstellt. Die Substanz des Tragischen besteht weiterhin im Verlieren des Helden, welches aber nur ein äußerlicher Untergang ist. Der leidende und scheiternde Antagonist der modernen Tragödie hat die metaphysische und ethische Überzeugung eines humanistisch gesonnenen Autors hinter sich. Der Fluch des griechischen Orakels ist seit Aufklärung und Christentum überwunden. Der wirkliche Kontrahent der Ödipus-Tochter Antigone ist nicht die auf ihrem schon gegen Großvater Laios ausgesprochenen Schuldspruch beharrende Götterwelt, sondern die bewusst und unbewusst gottferne Macht eines weltlichen Herrschers. Zur modernen Tragödie gehört die bereits im griechischen Paradigma verankerte Grundkonstellation des Kampfes für die Götter gegen eine gottferne Welt. Die neue Form des Tragödienschlusses deutet an, dass der ideelle Einsatz des scheiternden Helden für einen als göttlich empfundenen humanitären Auftrag die Philosophizität der Gattung tradiert.

1.2.2 Schulische Didaktik für Naturrecht gegen den Rechtspositivismus

Studienrat Dr. Becker beginnt seine mehrstündige Unterrichtsreihe zur >Antigone< des Sophokles mit dem Aufweis der griechischen Schicksalsidee, weswegen er auf den Ödipus-Motivkreis desselben Autors ausgreift. Doch die Schüler der Abiturklasse können mit der Vorstellung der Schicksalsallmacht nichts anfangen, da sie Tat und Strafe nur in individuellem Zusammenhang begreifen können. Wer wissentlich gegen ein Gesetz verstößt, der soll mit Fug und Recht bestraft werden. Staats- und Strafrecht würden in Auflösung geraten, wenn mit dubiosen Begriffen wie Orakel, Schicksal, göttlicher Eingebung und Gewissen argumentiert werde. Eindeutig scheitert der Lehrer vor seinen positivistisch denkenden Schülern mit dem Hintergedanken, über die griechische Moira eine familiär und sozial vermittelte Erbschuld hinsichtlich der staatspolitischen Denkweise bewusst zu machen. Die Jugendlichen in der Griechisch-Abiturklasse spüren im Verlauf der Lehrstoffbehandlung Beckers, dass ihr Lehrer auf etwa Mythologisches, Unbeweisbares oder gar Revolutionäres hinaus will, ohne seinem auf die Gegenwart abzielenden Vorhaben aber klipp und klar Ausdruck zu geben. Damit verspielt Becker auch den emotionalen Kredit, den er vor dieser Auswahl der deutschen gymnasialen Jugend als kriegsversehrter Exoffizier zu Beginn seines Unterrichts noch genießen durfte. Der Erzähler hebt vier Schüler als mit Namen und spärlichen äußeren Kennzeichen versehene Typen besonders hervor. Diese treten im Lehrer-Schüler-Gespräch mit Becker und während der letzten Unterrichtsstunde auch untereinander in kurz gefasste Dialoge. Der Klassenprimus Schröter stellt sich unmissverständlich hinter König Kreon, der rothaarige Neumann tritt für persönliche und juristische Verantwortlichkeit ein, der Kommunist Schramm kann Antigones Kritik als Widerstand gegen die Monarchie nachvollziehen. Nur der große, blonde Riedel leistet auf einer rein literarhistorischen Ebene, welche aber nicht der wahren Intention des Lehrers entspricht, sachbezogene Beiträge. Das Gros der Klasse und diese herausgehobenen Schüler widersetzen sich den Stundenzielen von Beckers didaktischem Antigone-Projekt, die mit „Erbschuld", „Gewissensethik" und „Verpflichtung gegenüber den Toten" überschrieben werden können. Der Versuch Beckers, einerseits durch den Hinweis auf die Selbstherrlichkeit des Königs, andererseits durch die Betonung der Bestattung des Polyneikes als traditionelles Brauchtum einen emotionalen Umschwung in der Klasse zur Bejahung Antigones herbeizuführen, prallt wirkungslos gegen eine vermeintlich rechtstaatliche Denkweise der Schüler, die den Machtstaat, in welchem sie aufgewachsen sind und in dessen Sinne sie erzogen wurden, nicht dem leisesten Zweifel aussetzen. Da es der rechtspositivistischen Schablone einiger Schüler entspricht, ist sogar eine Aktualisierung der Thematik möglich: Polyneikes erscheint ihnen als potentieller Spartakist, der Verrat am Vaterland begangen hat und als Strafe für diese Schandtat zu Recht unbestattet geblieben ist. Besonders fremd kommt den Abiturienten die religiöse Motivierung von Antigones Gewissensethik vor, wie sie dem Interpreten Becker, der vor kurzem in seinem eigenen Inneren die Integration von tiefstem Selbst und christlicher Gläubigkeit vollzogen hat, als Voraussetzung für eine gesellschaftliche Erneuerung, die von der Jugendgeneration ausgehen müsste, von höchster Wichtigkeit erscheint:

„Denn diese unsichtbaren Mächte haben ihre Gesetze an dem sichersten Ort niedergelegt, in dem Herzen der Menschen. Auf solch ungeschriebenes Gesetz

beruft sich Antigone. Alle Menschen wissen von diesem Gesetz, auch Kreon. Er glaubt, sie brechen zu können, und Antigone muss in den Tod gehen. Aber er selbst erhält eine furchtbare Lehre." (>Karl und Rosa<, S. 201)

Diese Denkweise betrachten die Jugendlichen, konform mit ihren Erziehern, als Spiritismus. Philosophisches Betrachten und politisches Problembewusstsein lassen sich nicht durch einen Außenseiter-Lehrer, der aus der Sicht der Jungen dabei ist, seinem Vaterland, welches ihm das Ritterkreuz verliehen hat, in den Rücken zu fallen, in wenigen Unterrichtsstunden anerziehen. Sein Unterfangen, die eigene erlittene Erneuerung aus dem psychischen und religiösen Urgrund heraus weiterzugeben, kommt ihm selber absurd und neu leidschaffend vor: „Er stand zum erstenmal als Christ unter Heiden und war gezwungen zu bekennen, auch wenn es zum Martyrium führte." (>Karl und Rosa<, S. 223) Die Abiturklasse argumentiert unter Hinweis auf Kleists >Prinz Friedrich von Homburg< sogar literarisch gegen ihn: „Das Vaterland ist ihm wie seinem Kurfürsten das höchste Gut." (>Karl und Rosa<, S. 222) Becker kann seinen religiös untermauerten Neopantheismus, den er für die Rettung der Gesellschaft für notwendig hält, nicht einmal an die nachwachsende Generation weitergeben. Der Lehrer reflektiert in seiner letzten Unterrichtsstunde resignierend über den Zeitgeist, der sich in bloßem Utilitarismus kundtut: „Sein Geist wird zu einem Organ der Nützlichkeit, zu einem bloßen Instrument, womit er sich auf der Erde behauptet. Und wenn dann der Tod über solch Menschentier kommt, so kann natürlich sein Sterben nicht viel mehr Interesse beanspruchen als das eines Kalbes oder eines Grashalmes." (>Karl und Rosa<, S. 225) Dem Autor ist 1943 während der Konzipierung der Szene „Antigone im Unterricht" klar geworden, dass der geistige Status einer ganzen Gesellschaft nicht einfach durch die Didaktik über Gewissensethik umzufunktionieren ist. Damit steht Beckers gelungene Wandlung als die konstruktive These des Autors in Sachen Friedenserziehung gegen die misslungene Erneuerung der Jugendgeneration als die negative These. Dadurch ist der Glaube des Expressionismus an die Wandlungsbereitschaft der Jugend, die sich gegen die Fehler ihrer Vorfahren erheben könnte, gebrochen. Ein Ansetzen der Umgestaltung der Gesellschaft bei bloßer Jugend, die noch durch keine Kriegserfahrung belastet ist, genügt nicht. Die erste Etablierung einer Friedensethik, die bei einem

Paradigma aus der Literatur ansetzt und vorsichtig die Idee vom göttlich geforderten Widerstand lancieren will, wird abgeblockt von der dieser Jugend tief eingepflanzten Gefolgschaftstreue gegenüber dem Vaterland unter jedweder Leitung. Diese Jugend ist nicht in der Lage, die Regierung eines Staates kritisch zu hinterfragen, wie es Becker ab dem Augenblick seiner Verwundung getan hat. Der Lehrer hat seinen Schülern eine Leidenspraxis voraus, welche durch Pädagogik nicht wettzumachen ist. Kritikvermögen und reife Einsicht in die Notwendigkeit einer Friedenspolitik werden durch ureigene schmerzliche Erfahrung grundgelegt, der selbst eine bemühte und subjektiv überzeugte Texthermeneutik, wie sie Becker am Antigone-Motivkreis exemplifiziert, nicht standhält. Weil Jugend mittels Literaturdidaktik nicht bekehrbar ist, unternimmt der Autor mit dem zwei Jahre nach Abschluss der >November 1918<-Tetralogie begonnenen >Hamlet<-Roman einen neuen literarischen Anlauf, Wandlung bei einem jungen Menschen erfolgreich vorzuführen – doch diesmal am Paradigma eines 20jährigen, der selbst ein physisch und psychisch Schwerkriegsversehrter ist. Schon 1919 war sich Alfred Döblin über die Schwierigkeit einer politischen Aufklärung im traditionell staatstragend denkenden und fühlenden Deutschland im Klaren, so dass er anlässlich der Besprechung neuer Zeitschriften über geistige Schwererziehbarkeit resümiert:

„Der Deutsche ist schon von Haus aus führungsbedürftig; er ist stark versklavt, Gehorsam seine ernsteste Leidenschaft, man kann ihm alles nehmen, die Armee wegnehmen, dagegen bäumt sich seine ganze Sittlichkeit; mit Recht: was soll er machen, wenn es nichts zu gehorchen gibt im Volk der Dichter und Denker. Man kommt schwer an den Deutschen heran, er kommt an sich selbst schwer heran, seine Dichtungen und Denkungen sagen nichts über ihn aus, er weiß so wenig mit sich anzufangen, dass er im Privatleben zu massenhafter Vereinsmeierei, im politischen zu dem sogenannten Parteileben gezwungen ist.“[12]

Der Erzähler zwingt seinen Helden nicht nur durch seine Widerstandshaltung gegen ein kritiklos rechtspositivistisches Denken, das aus der Sicht Beckers Machtmissbrauch und Unrecht stützt, hinein, sondern auch durch die Pejorifizierung des von Becker geschätzten Oberstudiendirektors seines Gymnasiums mit dem Makel

---

[12] Alfred Döblin: >Neue Zeitschriften<, in >Schriften zur Politik und Gesellschaft<, S. 93

der Homosexualität. In Militärkreisen und in stark auf spezifische Männerehre zugeschnittenen Staatssystemen galt diese Veranlagung immer schon als verachtenswerte Untugend, die durch Ausstoßung und Gefängnisstrafen geahndet wurde. Der Erzähler stellt seinen Helden dadurch in einen inneren Konflikt, weil Becker einerseits Erzieher im Schuldienst sein möchte, andererseits seine Solidarität zum bereits ausgegrenzten Schulleiter und zu dessen 18jährigen Sexualpartner Riedel, Beckers angenehmstem Schüler, beweisen will. Damit infiziert sich der Studienrat am üblen Leumund seines Kollegen aus der Altphilologie, macht sich als Erzieher untragbar und fällt der Hetze von ´Saubermännern´ aus Kreisen der politischen Rechten zum Opfer. Der Erzähler aktualisiert den Landesverrat des griechischen Polyneikes durch das verachtete Laster eines Bürgers, der bezüglich seiner Vorbildrolle versagt hat. Der Antigone-Stoff wird mit dem Roman auch mit Hilfe des Bestattungsmotivs erzählerisch vernetzt. Die Achtung vor einem toten Menschen, also dem von Riedels Vater erschlagenem Schulleiter, der selbst der gesellschaftlichen Verachtung erlegen war, stellt den Lehrer Becker ins Rampenlicht öffentlicher Kritik, und er bekennt sich zum Opfergang einer modernen Antigone. Der erzählerische Einschub zur Homosexualität des Gymnasialdirektors ist ähnlich lang wie die gesamte Besprechung der Werke von Sophokles mit der Abiturklasse. Diese Unterbrechung der Tragödieninterpretation ist nicht dramatisiert, aber es handelt sich um ein Trauerspiel über einen triebgebundenen Menschen, der unzüchtige Handlungen mit einem Schutzbefohlenen begeht, dies wohl erkennt und dennoch die Dinge bis zur Katastrophe mit dem wütenden Vater des Schülers Riedel treiben lässt. Insgesamt präsentiert der Erzähler die Antigone-Thematik also auf vier verschiedenen Ebenen: 1. Die literarhistorische Vorstellung der Sophokleischen >Antigone< im Horizont des Griechentums, 2. Die Interpretation der Tragödie im Lehrer-Schüler-Gespräch auf der Folie des Machtstaates im 20. Jahrhundert, 3. Die Beobachtungen des Erzählers über Beckers Reflexionen gegenüber den opponierenden Schülern, 4. Die Übernahme der Antigone-Rolle durch Becker.
Die alte Tragödie wird mit der modernen Tragödie verzahnt. Thematisierte klassische Tradition geht in die Wirklichkeit der Moderne über; ein Vorgang, den der Erzähler mittels der Überschrift für die Zwischenszene >Das Leben tritt aus dem Buch heraus<

andeutet. Der hohe Sprachstil der klassischen Tragödie ist reduziert auf die Prosa der Gegenwartssprache. Der Lehrer leitet die Diskussion über die >Antigone< im gehobenen Deutsch des gymnasialen Niveaus, das für die Lehrkräfte zu gelten hat. Die Schüler verfallen durchaus in einen Jugend-Jargon, über den der Erzähler den unumkehrbaren Indoktrinationsprozess, mittels dessen die Gymnasiasten voll auf den Wilhelminischen Staat eingeschworen wurden, sichtbar macht („Antigone, das Mädchen", „zur tragischen Heldin aufputzen", „schwächliches und sentimentales Stück", „tapferer Eteokles, verräterischer Polyneikes", „Fabeln aus der Urzeit", „Haberfeldtreiben gegen Beckers flaues Gerade" >Karl und Rosa<, S. 196-219). Auf der Ebene der erzählten Gegenwart wird die Gattung Tragödie durch Beckers Opferbereitschaft und Konsequenz in der Art Antigones bestätigt. Der Autor übernimmt die Tragödiendefinition der Inneren Poetik aus dem Unterricht in den Roman. Metaphysisches Auftragsbewusstsein des Helden im aussichtslosen Kampf gegen eine verkrustete Gesellschaft und der tragische Ausgang der Handlung nach der Antigone-Episode verlängern die Gattungsmerkmale der Tragödie in die weitere Romanwelt hinein.

1.3   Rezeption des Experimentierenden Theaters

1.3.1   Erwin Piscators proletarisch-politische Bühne

Erwin Piscator, die führende Persönlichkeit des Berliner >Proletarischen Theaters<, konzipierte 1920 eine betont antikapitalistische und prorevolutionäre Bühnenpraxis, die auf kollegiale Prinzipien hinsichtlich des Inszenierungsstils angelegt war und zunächst nur Stücke der Arbeiterdichter Herbert Kranz, Franz Jung u.a. zur Aufführung brachte. Unter den sogenannten bürgerlichen Dramen bekamen nur Bühnenstücke, die soziale Anliegen oder die Revolution zum Thema hatten, wie Hauptmanns >Weber< oder Büchners >Dantons Tod<, die Chance der Inszenierung durch das Kollektiv aller am Theater beteiligten Fachkräfte. Piscator und sein Mitarbeiter Schüller befanden sich wegen ihrer Klassiker-Skepsis links von der KPD, deren im Parteiorgan >Rote Fahne< abgedruckter

Literaturbegriff auf dem Unterschied zwischen Agitation und teils durchaus zweckfreier Kunst bestand:

„Dann wähle man nicht den Namen Theater, sondern nenne das Kind beim rechten Namen: Propaganda. Der Name Theater verpflichtet zu Kunst, zu künstlerischer Leistung [...] Kunst ist eine zu heilige Sache, als dass sie ihren Namen für Propagandamachwerk hergeben dürfte [...] Was der Arbeiter heute braucht, ist eine starke Kunst [...] solche Kunst kann auch bürgerlichen Ursprungs sein, nur sei es Kunst. "13

Dem gegenüber bemühten sich kommunistisch orientierte Schriftsteller 1921 nach dem Verbot des >Proletarischen Theaters< um die ideologische Legitimierung einer Tendenzkunst, wie sie z.B. Johannes R. Becher unter Hinweis auf die historische Funktion einer bürgerlichen Dichtung anstrebte:

„Die Kunst ist eine Waffe der Klassen im Klassenkampf. Ebenso wie die große bürgerliche Dichtung als Waffe der damals noch fortschrittlichen Bourgeoisie gegen den Feudalismus diente, ist heute die proletarisch-revolutionäre Dichtung die Waffe des Proletariats in seinem Kampf gegen die Bourgeoisie. "14

Nach der Aufweichung der offiziellen Parteilinie der KPD konnte Piscator 1924 eine auf das russische Agitproptheater ausgerichtete politische Revue namens >Roter Rummel< und 1927 seine eigene Piscator-Bühne gründen. Obwohl die Revolution in Deutschland gescheitert war, ließen sich die prokommunistischen Künstler von der erfolgreichen russischen Revolution positiv inspirieren und vertraten ein Programm, das sich mit der Not der Arbeitermassen beschäftigte. Unter Einsatz aller neuen formalen Errungenschaften verschrieb sich Piscator einer eingreifenden, tendenziösen Kunstauffassung:

„Das Proletarische Theater will der revolutionären Bewegung dienstbar sein und ist daher den revolutionären Arbeitern verpflichtet. "15

Obwohl die KPD u.a. über die 1928 erfolgte Begründung des „Bundes proletarisch-revolutionärer Schriftsteller" links stehende

---

13 Inge Stephan: >Weimarer Republik<, in >Deutsche Literaturgeschichte<, S. 358
14 ebenda, S. 361
15 Joachim Wilke: >Tendenzen des modernen Theaters<, in >Propyläen<, Bd 6, S. 407

Kunstschaffende engstens an sich binden wollte, wahrten freiheitlich gesonnene Künstler wie das BPRS-Mitglied Piscator und das „Gruppe 25"-Mitglied Döblin kritischen Abstand zur Kommunistischen Partei, von der nun sie wiederum links überholt und als bloß bürgerliche Intellektuelle durch das von Moskau finanzierte Verbandsorgan >Linkskurve< geschmäht wurden. Schon durch seine Tätigkeit als Berliner Theaterkritiker für das >Prager Tagblatt< in den Jahren 1921 bis 1924 war Döblin mit Piscator bekannt geworden und hatte sich anlässlich der Zusammenkünfte der „Gruppe 25" häufig mit dem Theaterregisseur, dem Schriftsteller Arnolt Bronnen, dem Soziologen Fritz Sternberg und dem jungen Autor Bertolt Brecht getroffen:

„Etwas Neues, und zwar nicht Ebert und Scheidemann, musste nun kommen, und Brecht blies prachtvoll die Alarmtrompete und schlug trommelnd in der Nacht [...] Treffpunkt Kaffee in der Motzstraße, wo wir miteinander diskutierten. Wir trafen uns auch bei Fritz Sternberg am Bülow-Platz, der uns sehr sicher und autoritativ seine Theorien über Karl Marx entwickelte. Wir trafen uns auch als Sonderkolonne oben bei Brecht, am U-Bahnhof Knie, nachdem wir beschlossen hatten, eine Arbeitsgruppe zu bilden, für die Präparation von Stücken etc. Erwin Piscator saß wachsam dabei."[16]

Auch Döblin definierte seine politische Identität 1930 neu und stellte sich nach der Produktion eines eigenen gesellschaftskritischen Dramas (>Die Ehe<, geschrieben 1929) distanzierend neben den „Bund proletarisch-revolutionärer Schriftsteller" und betrachtete Bürgerlichkeit als Verdünnung wirklicher gesellschaftsverändernder Potenz:

„Und so setzen sie sich in den proletarischen Wald, grölen die `Internationale´ mit und ersparen sich das eigene Nachdenken. Und man hat noch den älteren, ebenso burlesken Fall Piscators in Erinnerung. Sein nobles Publikum war ebenso dumm wie komisch und ohne Bewusstsein. Aber er selbst, der sich als Genosse vorkam, er baute die Kunstmittel der Bourgeoisie ein bisschen, bisschen weiter und das war alles und war seine Leistung. Er war als Künstler Bürger, und schließlich, wer kann heute und für lange lange Zeit etwas anderes sein. Das Publikum aber lief und klatschte, es war geängstigt, denn er schmuggelte in die

---

[16] Alfred Döblin: >Briefe<, in >Katalog des Schiller-Nationalmuseums<, S. 282

28

Poetik Proletik ein, zuletzt hatte es ihn durchschaut, und da fiel der Heros in den Müllkasten.[17]

Obwohl sich Döblin nach zehnjähriger Bekanntschaft vom angeblich bourgeoisen Piscator zur linken Seite hin absetzt, hat er die >November<-Tetralogie merklich in der Art und Weise der Piscatorschen Theaterkonzeption organisiert. Das ganze Werk ist strukturell vom Hauptgedanken der Notwendigkeit einer deutschen Revolution und gleichzeitig vom Erkennen der Vergeblichkeit eines gewaltsamen Versuches, die Verhältnisse zu ändern, durchdrungen. Die erzählerische Summierung einer Fülle von Kriegsleid dient dem Zweck, das Erfordernis eines Umsturzes an der Staatsspitze nachzuweisen. Döblins Erzähler bezieht trotz teilweise scheinbarer Abwesenheit Position für die unter dem Militarismus leidenden Massen, so dass dem immer wieder erwiesenen Versagen konservativ-totalitärer Regierungen ein Ende gemacht werden sollte. Was der Regisseur für das Piscator-Theater leistet, bewegt der Erzähler hinsichtlich einer auswahlhaften und szenischen Organisation aller Tendenzen pro und kontra Revolution:

„Es ging darum, das Theater vom Ruch einer untergeordneten, zweitrangigen Kunstübung zu befreien, deren einzig legitime Aufgabe es sei, dramatische Texte zu versinnlichen. Eine Schlüsselstellung wurde in diesem Zusammenhang dem Regisseur eingeräumt; an seine alle Elemente des Theaters integrierende Tätigkeit, an seine schöpferische Funktion knüpften sich die Vorstellungen von einem autonomen Theaterkunstwerk. Er sollte die Frage beantworten, wozu Theater seinem Wesen nach tauge, worin es konkurrierenden Medien – vor allem dem aufkommenden Film – überlegen sei und wodurch sich seine Kompetenz legitimiere. Die Antworten waren exemplarische, stilbildende Inszenierungen, Theatertheorien und –konzepte, programmatische Erklärungen und szenische Entwürfe.[18]

Wie der innerhalb der Piscator-Bühne dominierende Regisseur arrangiert der Erzähler in Döblins einem riesenhaften Drama über deutsches Aufbegehren und deutsches Versagen verwandten Roman >November 1918< das Eigenleben und das Zusammenwirken der Bereiche „Realgeschichte über den Ersten Weltkrieg und die

---

[17] Alfred Döblin: >Selbstschändung des Bürgers<, in >Katalog des Schiller-Nationalmuseums<, S. 287
[18] Joachim Wilke: >Tendenzen des modernen Theaters<, in >Propyläen< Bd 6, S. 484

Revolution", „Wandlung eines prädestinierten Einzelnen", „Demokratisierungs- und Internationalisierungsversuche" und „Machtübernahme durch die Restauration". Einer Inszenierung ähnlich handelt es sich um ein auswahlhaftes Teilnehmen an verschiedenen Anläufen, künftige Weltkriege zu verhindern. Situationen treten in den Mittelpunkt, in welchen versucht wird, Strukturen neu zu gestalten und das Denken zu verändern. Die für den Roman des Realismus typische Kolorierung der Handlungsorte wird weitgehend zurückgenommen, beherrschend erscheinen die Dialektik des Gesprächs über Grundlegendes und die innere Auseinandersetzung der Protagonisten zur Frage, ob ein guter Zweck (Revolution) die Mittel heilige (Zweifel am Gewaltgebrauch durch Friedrich und Rosa), so wie die Diskussion, der gezielte Sprachgebrauch und das Hervorheben von Gegensätzen die Struktur eines Dramas konstituieren. Freilich lässt sich eine während sechsjähriger Schaffenszeit entwickelte Romantetralogie nicht vollständig unter dem Vorzeichen von Dramatik erfassen, zumal der moderne Roman ohnehin weitgehend auf eine glättende Psychologie und die Einbettung des Individuums in dessen volle Lebenswirklichkeit verzichtet. Insgesamt hat der Autor Leistungsmöglichkeiten des Dramas in ein modernes Epos übernommen und von den Gestaltungsmöglichkeiten ideologischer (Erzähltendenz für die unteren Gesellschaftsschichten, prorevolutionäre Zielrichtung) und bühnenpraktischer Art (Montagen von Wirklichkeit und Fiktion, variantenreicher Zugriff des Erzähler-Regisseurs, Verwerten von Errungenschaften des Films) Gebrauch gemacht, welche deutlich die Handschrift Erwin Piscators aufweisen.

1.3.2   Bertolt Brechts Lehrstücktheater und das dokumentarische Konzept

Bevor Alfred Döblin den jungen Dramatiker Bertolt Brecht im Rahmen der Zusammenkünfte der „Gruppe 25" persönlich kennenlernte, hatte er sich in seiner Eigenschaft als Theaterkritiker des >Prager Tagblatts< am 24.12.1922 sehr befürwortend über Brechts Drama >Trommeln in der Nacht< geäußert und die Gelegenheit zugleich zur Abrechnung mit einer nur ästhetisch argumentierenden Theaterkritik genutzt:

„*Was ist an dem Stück? Scharfe naturalistische Einzelphysiognomien, ebenso Milieuschilderungen. Jedoch wird der Naturalismus rasch satirisch verschärft; ein heißer, junger, empörter Anklageton wird deutlich. Dies ist der Ton des Stückes. Die Brutalität der Menschen wird durch nichts gemildert. Die Empörung bleibt nicht in den Gestalten stecken, sondern äußert sich direkt [...] Brecht greift resolut in diese städtische Nachkriegsgewalt, gefährlich rumort das Pathos, gefährlich die Zustandsschilderung, das undramatische Stehenbleiben auf der Bühne. Diese Stücke haben alle eine Aufgabe: Blut, Mist, Gegenwart auf die Bühne zu bringen, die laue Romantik der humanistischen Dichter, der Jubiläumsgreise und ihres Publikums zu stürzen. Sie sind darum gut, weil notwendig. Ohne Einschränkung gut. Sie bringen das Material; es soll ihnen bei solchem Verdienst nicht vorgehalten werden, dass sie darin und darin schwach sind. Eine feige und verlogene, humanistisch eingewickelte, warm vertrottelte Kritik liebt es, hier das 'Ästhetische' voranzustellen; sie merken nicht (oder tun, als merkten sie nicht), dass sie den neuen Gefühlsformen die ästhetische Schablone der Vergangenheit vorhalten.*"[19]

Döblin lobt zu Beginn seiner mittleren Schaffensperiode an den Werken des jungen Brecht dessen Entlarvung des Bürgertums und dessen direkten Zugriff auf das Hässliche. Seiner Anerkennung liegen die eigenen Kriterien während seiner Frühphase zugrunde. Brechtsche und Döblinsche Charakterzeichnung stimmen hinsichtlich der Herausarbeitung des Triebhaften und des Verdrängten überein. Die Charakterschilderung beider neigt auch zum Typisierenden, eine facettenreiche Individualisierung ist aufgegeben. Eine Gemeinsamkeit besteht auch hinsichtlich einer über das Artifizielle hinausreichenden Gewichtung des Inhalts, die gleichzeitig mit der Bereitschaft zu Epoche machenden Form- und Sprachexperimenten gegeben ist. Gesellschaftskritik und Gesellschaftssatire stellen das gemeinsame Hauptanliegen der beiden Dichter am Anfang der Zwanziger Jahre dar. Der Soziologe Sternberg hebt in seinen Erinnerungen an die „Gruppe 25" sogar hervor, dass Brechts Konzeption vom Epischen Theater von Döblins Romantechnik mitgeprägt worden ist. Diese Aussage stellt eine bemerkenswerte Differenzierung gegenüber konventionellen literaturwissenschaftlichen Klischees dar:

---

[19] Alfred Döblin: Theaterrezension >Griffe ins Leben<, in >Katalog des Schiller-Nationalmuseums<, S. 280 f, aus >Prager Tagblatt<, Jg 47, Nr 201 v. 24.12. 1922

„Es gab damals viele Diskussionen, an denen Alfred Döblin teilnahm. Brecht liebte ihn sehr. Er sagte mir einmal, er habe zwei uneheliche Väter: der eine sei Georg Kaiser, der andere Alfred Döblin. Diesen beiden und Lion Feuchtwanger fühlte er sich verpflichtet für die Ausarbeitung seiner eigenen Anschauungen über das epische Drama."[20]

Zur Entstehungszeit des vierten Bandes des >November<-Romans erweist Brecht in Santa Monica anlässlich der Feier von Döblins 65. Geburtstag seine Reverenz mit der Bestätigung dieses förderlichen Einflusses durch Döblins naturalistisch-expressionistische Romane der Jahre 1913 bis 1923 und spricht auch ein Kompliment über die gerade vollendete Revolutions-Tetralogie aus (per Telegramm):

„Von Döblin habe ich mehr als von jemand anderm über das Wesen des epischen erfahren. Seine epik und sogar seine theorie über epik hat meine dramatik stark beeinflusst und sein Einfluss ist spürbar noch in englischen, amerikanischen und skandinavischen Dramen, welche wiederum von den meinen beeinflusst sind. Ich denke vor allem an seine dezentralisierung des epischen werks, so dass ein Ganzes in rapider Entwicklung entsteht, das aus sehr selbständigen Einheiten geformt ist, ich denke auch an seine neue behandlung der psychologie, die vertiefung der introspektiven methode durch ausbau einer extraspektiven. Ich denke ferner an seine neue dialektische behandlung von massenvorgängen (in >Wang-lun<, >Wallenstein<, >Berge, Meere, Giganten< und anderen Werken). Die einführung wissenschaftlicher Haltungen in die Romanschreibung führte sogleich zu einer vollen Entfaltung des fantastischen und dichterischen und auch hier, hoffe ich, wird das theater profitieren. Döblins großes episches werk über die revolution von 1918 stellt einen triumph des neuen typus eingreifender dichtung dar, ein politisches und ästhetisches unikum in der deutschen literatur und ein nachschlagwerk für alle schreibenden."[21]

Diese wichtige Äußerung ist bisher durchwegs unbeachtet geblieben. Der episch schreibende Dramatiker Brecht bekennt hierin öffentlich seine künstlerische Befruchtung durch den dramatisch gestaltenden Epiker Döblin. Die Gemeinsamkeit der beiden hinsichtlich ihrer schriftstellerischen Produktion besteht nach Brecht im Verzicht auf den aristotelischen Spannungsaufbau, in der Verselbständigung der Einzelszenen, in der distanzierten Erzählhaltung und der Beobachtung

---

[20] Fritz Sternberg: >Erinnerungen<, in >Katalog des Schiller-Nationalmuseums<, S. 282
[21] Bertolt Brecht: >Geburtstagsbrief an Alfred Döblin<, in >Katalog des Schiller-Nationalmuseums<, S. 294

von Massenvorgängen. Die Verarbeitung von Psychologie, die anti-illusionistische Erwartung gegenüber dem Rezipienten und das dialektische Prinzip kommen sich in den Konzeptionen Döblins und Brechts sehr nahe. Dazu tritt der starke politische Impuls, der sich nicht mit dem Sektor Kunst zufrieden gibt, sondern Einflussnahme auf die Struktur des Gesellschaftlichen beabsichtigt. Innerhalb der Tendenzliteratur nimmt das Lehrstück eine insbesondere Bertolt Brecht kennzeichnende Stellung ein. Diese Sonderform eingreifender Dichtung tritt bei Brecht gegen Ende der zwanziger Jahre auf, als er seine promarxistische Haltung (jedoch keineswegs ein Bekenntnis zur KPD) verfestigt hatte. Seine Lehr- und eigentlich Lernstücke führen auf der Bühne eine durchaus dialektisch aufzufassende Entscheidungssituation vor, lassen dem Zuschauer scheinbar die Möglichkeit freier Entscheidung und steuern im Endeffekt auf eine Bejahung der marxistischen Gesellschaftstheorie zu. Theaterspiel und Reflexion verbinden sich zu einem aktionalen Kunstgenuss:

„Dieser pädagogische Dramentypus mit extrem zugespitzter Konfliktkonstellation kannte nur Mitwirkende. Übung, Kritik und Veränderung literarischer Muster im konkreten Spiel ersetzten das Zuschauen, in der strengen Form des Lehrstücks sollten sich tätiges Spielen und reflektierendes Zuschauen zu einer `operativen´ Art des Kunstgenusses vereinigen. Die beiden Schulopern >Der Jasager< und >Neinsager< wurden 1929 mit Berliner Schülern einstudiert und diskutiert, vom gleichen Jahr datieren die Uraufführungen des >Badener Lehrstück< und des >Flug der Lindberghs<. Damit vollzog Brecht einen entscheidenden Schritt zu einer Materialästhetik, die Kunst- bzw. Theaterproduzenten und Konsumenten zusammenrücken ließ – zugleich sein am weitesten vorangetriebenes Modell auf dem Weg zu einem neuen Theater."[22]

In Brechts „Schulopern" >Der Jasager< und >Der Neinsager< handelt es sich (in Neubearbeitung einer japanischen Fabel aus dem 15. Jahrhundert) jeweils um die Zustimmung der Hauptperson hinsichtlich der eigenen Tötung, weil der Protagonist wegen seiner Krankheit den anderen zur Last fällt und darüber hinaus den Auftrag der Gruppe zugunsten des größeren Ganzen gefährdet. Im Sinne der marxistischen Lehre hat also sogar das Lebensrecht des Individuums im Vergleich

---

[22] Joachim Wilke: >Tendenzen des modernen Theaters<, in >Propyläen<, S. 500 f

zum Gemeinwohl zurückzutreten. Dem Ja zum sozialistisch gedeuteten Volksganzen gebührt der Vorrang. Das gegen die elementaren Rechte des einzelnen ausgesprochene Nein signalisiert der Teilgruppe, dass sie mit Genehmigung des ebenso von der Dominanz der sozialistischen Ziele überzeugten Einzelnen rechnen darf, im Konfliktfall der eigenen Eliminierung zuzustimmen, um der marxistischen Sache für die gesamte Gesellschaft der Zukunft zum Erfolg zu verhelfen. Es dreht sich bei diesen Lehrstücken also nicht um Einsicht in die Gewalttätigkeit der Masse, welche die Grundrechte des Individuums außer Kraft setzt, sondern um Verständnis für die vom Betroffenen selbst bekräftigte Unwichtigkeit eines Menschen, wenn er ein Hindernis für die Ziele der Gesamtheit darstellt. Die marxistische Ethik lässt im Konfliktfall nur das Recht der Gesamtheit gelten und erklärt die christliche Auffassung von den elementaren Rechten des Einzelnen für bürgerlich individualistisch und für nichtig. Die beiden Lehrstücke konfrontieren die Schüler mit dem Gegeneinander von bürgerlichem und marxistischem Ethik- und Rechtsbegriff und führen unmittelbar an die Entscheidungssituation zugunsten einer radikalen Ethik des Gemeinwohls heran:

„Vor allem aber fügte Brecht aus pädagogischen Gründen seinem für Schüler gedachten Stück den Begriff des 'Einverständnisses', der Bereitschaft von der eigenen Person absehend das für die Gemeinschaft Wichtige zu erkennen und zu bejahen, hinzu [...] Beide Stücke stellen nun jeweils eine exemplarische Verhaltensweise unter bestimmten veränderten Voraussetzungen dar, subsumiert unter der Frage nach dem 'Einverständnis', ein Problem, das ihn zu jener Zeit besonders beschäftigte."[23]

Diese Dramen- und Theatertechnik hat Döblin, der seit der Berliner Zeit bis ins amerikanische Exil immer mit Brecht Kontakt hatte, wohl von seinem Schriftsteller-Kollegen übernommen, ohne jedoch dieses 'Einverständnis' im Kontext der marxistischen Gesellschaftslehre zu befürworten. Auch er streitet im >November<-Roman für eine neue Gesellschaftsordnung, aber für die Utopie eines friedfertigen und demokratischen deutschen Staates. Er kämpft nicht wie Brecht primär gegen Kapitalisten und die den Kapitalismus repräsentierenden Bürger, sein Feindbild ist von den monarchistischen und

---

[23] Klaus Detlef Olof über Brechts >Schulopern<, in >Kindlers Neues Literatur Lexikon<, Bd 3, S. 96

militaristischen Traditionalisten besetzt. Deshalb ist sein Held Friedrich Becker nicht mit der Klassiker-Vereinnahmung durch das aufrecht gehaltene Wilhelminische Staatssystem einverstanden („Das große graue Tuch, das ist der Vorhang meines Bücherregals. Das Tuch ist an den Leisten festgenagelt, ringsherum." >Verratenes Volk<, S. 61), daher stemmt sich Becker gegen die nationalistisch geprägten staatlichen Institutionen, und deswegen kämpft der gewandelte Exoffizier für das Recht einer Gewissensethik. Beide Autoren erklären sich solidarisch mit den armen und politisch missbrauchten unteren Schichten der Gesellschaft. Doch hinsichtlich der Methode, eine gerechtere politische Ordnung zu erreichen, denken sie verschieden. Brecht geht sehr nahe an die KPD heran und steht in seinen Lehrstücken unmittelbar vor der Bejahung kommunistischer Praktiken, welche die Ausmerzung des der Parteidoktrin unangepassten Individuums predigen, während Döblin Abstand zur parteipolitischen Propaganda wahrt und konträr zu Brecht der individualistischen Problemlösung hin zu einem nicht-doktrinären Sozialismus breiten Raum gewährt. Der formale Charakter des Lehrstücktheaters innerhalb eines gewaltigen Romans wird trotz der zweigleisigen Erzählstrategie Döblins, die sowohl über die Staatsform als auch über die als bürgerlich geschmähte Innerlichkeit verläuft, beibehalten. Das politische Lehrstück wird sogar noch verkompliziert, indem es die zunächst angebotenen Lösungswege, endlich Armut und Manipulation zu überwinden, zugleich auch in Frage stellt. Der >November<-Roman enthält ein zweiteiliges Lehrstück-Drama über die Notwendigkeit eines politischen Umsturzes bei gleichzeitigem Nachweis über die Undurchführbarkeit einer deutschen Revolution, genauso wie über das Erfordernis der Wandlung jedes einzelnen bei gleichzeitigem Nachweis des Scheiterns eines individuellen Idealismus. Die Einverständnis-Forderung Brechts hinsichtlich der Dominanz des Volksganzen gemäß marxistischer und sogar kommunistischer Deutung verlagert sich bei Döblin auf die Utopie der Zielsetzung einer pazifistisch und demokratisch organisierten Gesellschaft. Die äußere und die innere Methode des Weges zu diesem Ziel werden als Diskussionsmodelle angeboten: Die Hoffnung des Autors liegt auf dem Glauben an strukturelle und personale Erneuerung, der Realismus des Autors vermag die Schwächen beider Lösungsstrategien nicht zu unterschlagen. Im Grunde huldigen beide

Autoren einem dialektischen Prinzip innerhalb der Didaktik des politischen Lehrstücks; denn auch bei Brecht wird die altruistische Selbstopferidee, welche Christentum und Marxismus in vordergründiger Sicht zu verbinden scheint, differenziert, indem die kritische Vernunft (so die Anregung der Schüler der Neuköllner Karl-Marx-Schule: „Die Frage ist zu prüfen, ob der Vorteil des Gewonnenen so groß ist, dass der Opfertod des Knaben notwendig ist."[24]) der totalitären Praxis im Dienste des Ganzen Einschränkungen auferlegen muss: „Was den alten großen Brauch betrifft, so sehe ich keine Vernunft an ihm. Ich brauche vielmehr einen neuen großen Brauch, den wir sofort einführen müssen, nämlich den Brauch, in jeder neuen Lage neu nachzudenken."[25] Wie in Brechts Lehrstück herrscht in Döblins dramenartig strukturiertem Roman die Komprimierung auf den essentiellen politischen Gehalt vor, der auch Auswirkungen auf eine gewisse gestelzte Sprachform und auf die Konstituierung der Charaktere zeitigt, die fast zu Typen reduziert sind, wie es besonders klar an der Antigone-Episode sichtbar ist. Dieses Unterrichtsprojekt des im Leiden gewandelten Studienrats Dr. Becker unterstreicht die Berechtigung einer formalen Betrachtungsweise der >November<-Tetralogie als Lehrstück-Drama der Brecht-Nachfolge, weil es die Gattung des Lehrstücks auf höherer Ebene selbst problematisiert. Die in die Unterrichtsreihe einbezogenen Schüler, deretwegen der Antigone-Stoff didaktisch und methodisch aufbereitet wurde, erweisen sich als unbelehrbar, der einzig – über die Unbelehrbarkeit einer unerfahrenen Jugend – Lernende ist der Lehrer. Damit wird innerhalb des dem Roman zugrunde liegenden dialektischen Strukturmodells von Erwartung und Enttäuschung der Handlungsstrang auf pessimistischer Folie verstärkt. Im schulischen Lehrstück über >Antigone< liegt die Niederlage einer Gesellschaftsreform, die auf Innerlichkeit setzt, verdichtet vor; Beckers eigener Niedergang wird in Form einer literarischen Allegorie, die dem Tragödienstoff aufgesetzt ist, vorweggenommen. Der konstruktive Aspekt dieses Lehrstücks – dass im Sinne des tradierten Lehrstoffes textkonform etwas gelernt werde – verlagert sich in der sowohl von Brecht als auch Döblin intendierten ethischen Literaturästhetik auf den Leser. Der Rezipient, nicht die Figur, wird

---

[24] Henning Rischbieter: >Bertolt Brecht I<, in >Friedrichs Dramatiker des Welttheaters<, Bd 13, S. 93
[25] ebenda, S. 93

zum Hoffnungsträger des Autors! Die Form des Brechtschen Lehrstücks dient vor dem Hintergrund des Zweiten Weltkrieges dem Dichter Döblin der Absage an die unmittelbare Wirkung des Lehrstücks. Belehrung oder Überzeugung haben versagt. Die Gattung 'Lehrstück im Roman' vollführt den Aufweis des Leidens Beckers an der durch Erziehung erfolgten Verhärtung der jungen Generation, die sich nicht mehr über Furcht und Mitleid, sondern wohl nur mittels persönlicher Leiderfahrung seelisch reinigen kann. Brechts formales Muster lehrt die Leser vom tief sitzenden Leid der Welt. Gerade diejenige literarische Gattung, die auf Verstand und Einsicht zielt, kann bei Döblin nur mehr den Pessimismus betonen oder einer schwachen Hoffnung auf die Leserschaft einer besseren Zukunft Raum lassen. Döblin stimmt der Strategie Brechts, der einem sich gegen Ende der Zwanziger Jahre abzeichnenden Übergewicht des Rechtsextremismus seine promarxistische künstlerische Parteilichkeit entgegensetzen wollte, nicht zu. Seine ästhetisch-politische Position steht aber dem Dramatiker Brecht, dessen 1919 entstandenes Werk >Trommeln in der Nacht< 1922 in den Münchner Kammerspielen aufgeführt wurde, nahe:

„Eine vollständige Desillusionierung - 'Glotzt nicht so romantisch'-, eine radikale Entlarvung bürgerlichen Verhaltens (wobei selbst die Revolution noch als bürgerliche Romantik gilt) findet statt. „[26]

Das Vermögen zu schriftstellerischer Dialektisierung und Intellektualisierung der politischen Bewegungen und Ideen verbindet beide Schriftsteller genauso wie ihre Veranlagung, die so genannten natürlichen Grundformen der Dichtung nicht nur vermischt, sondern strukturell integriert zu handhaben. In der Grundspannung von Döblins Romantetralogie ist die rational tiefgründig erkannte und künstlerisch verschieden gehandhabte Doppelheit der Stellungnahme zur Realpolitik in der Erzählhaltung, die sowohl den Aktionalismus als auch die Resignation dramenhaft umsetzt, vorhanden.
Döblins >November<-Tetralogie ist auch an der Konzeption des Dokumentartheaters orientiert, wie es von Bertolt Brecht geprägt wurde. Es handelt sich hierbei nicht um die Verwendung nicht-fiktionaler Materialien, die ohnehin schon moderne Epik in Gestalt der

---

[26] Volker Meid über Bertolt Brecht, in >Metzler Literaturchronik<, S. 540

Montagetechnik kennzeichnen; dafür könnte Döblin mit >Berlin Alexanderplatz< innerhalb der deutschen Literatur selbst die Leitbild-Rolle beanspruchen. Die Zielsetzung des dramenartigen Segments in seinem modernen Epos besteht nicht in der textuellen Wiedergabe von Simultaneität und Vielfalt, sondern in der Erhöhung der Beweiskraft für die vom Autor angestrebte Tendenz und in der Verstärkung der Dialektik, die den dramatischen Konflikt bildet. Dazu wird auf der emotionalen Ebene des Leserbezugs eine theatralische Vergegenwärtigung des Gegeneinanders beabsichtigt, wie sie für die Einbeziehung des Zuschauers im Politischen Theater typisch ist. Überwiegend dienen die historischen Dokumentationen innerhalb der Dramenstruktur von Döblins Roman der Unterstützung von Rede und Gegenrede, oder sie liegen erfundenen Dialogen im Rahmen dichterischer Vermutung über tatsächliche Gesprächsinhalte zugrunde. Wahrheitsgehalt und Autortendenz sollen in eingreifender Literatur durch die Belege über die Historizität von Fakten und Vorgängen intensiviert werden. Der Dichter Döblin macht dabei auch vom Kunstgriff potentieller Tatsächlichkeit Gebrauch. Im Einzelnen handelt es um historische Materialien über die Kriegszeit, die Revolutionszeit und – mit letzterer verzahnt – die beginnende Weimarer Republik. Die in wörtlichen Reden wiedergegebenen Aussagen der Revolution und Gegenrevolution verkörpernden Personen, deren echte Namen in Döblins Werk beibehalten sind, sollen die Ideologie der beiden feindlichen Lager herausarbeiten, so dass dem Leser eine moralische Wertung von konträren Intentionen ermöglicht wird. In diese reportagenartige Veranschaulichung des Kontrasts greift bereits die Tendenz des Autors ein, welche den inneren Anlass der Revolution (Kriegsleid, Kriegsfolgen, Missbrauch der unteren Gesellschaftsschichten) unterstützt und gleichzeitig die stümperhafte Revolutionspraxis bedauert. Die geschichtlichen Belege über die Begegnungen in den Lagern der Roten und der Weißen werden der prorevolutionären Tendenz des >November<-Romans einverleibt. Echte und fiktionale Belege aus Berichten der Tageszeitungen oder Flugblätter der polaren Parteiungen finden nicht nur für die Dokumentation der eigentlich politisch-sozialen Revolutionsursachen und des moralisch gewichteten Revolutionsverlaufs und der Mobilisierung kontrarevolutionärer Freikorps Verwendung, sondern sogar bei der Darstellung des ethischen Grundproblems bei einem Umsturz des Staatssystems, nämlich bei der Frage nach der Erlaubtheit von Gewalt als letztem Mittel der als notwendig erkannten Abschaffung der bisherigen Ordnung. Der Autor unterlegt oder bestätigt den Revolutionsführern (besonders Rosa Luxemburg, weniger Karl Liebknecht; doch beiden im Gegensatz zum russischen Revolutionär Karl Radek) Hemmungen bezüglich der Anwendung von Gewalt, womit Döblins eigene dialektische Position zum Umsturz unterstrichen und eine historisch schwer zu fassende Charakterisierung der Revolutionsführer als antimilitaristische Idealisten zauderlicher Natur vorgenommen wird. Das Romanelement `Verurteilung jeglicher Gewalt´ bleibt außerhalb der dokumentarischen Vorgehensweise, weil sich die Gewissensregungen des fiktiv konzipierten Helden Friedrich Becker jeglicher historischer Belegbarkeit entziehen. Die Charakterisierung des amerikanischen Präsidenten Woodrow Wilson als Frieden schaffenden, reifen Humanisten erfolgt auf der Basis lexikalisch fassbarer Daten und der umsichtigen Zuhilfenahme von Dokumentationen über Weltfriedenskonferenzen und Beschlüsse der Vereinten Nationen während des von der erzählten Zeit erfassten Jahrzehnts zwischen 1918 und 1928. Der Quellenforscher und Psychologe Alfred Döblin hat die bestimmenden Charaktere der unmittelbaren Nachkriegszeit in der deutschen Hauptstadt von den biographisch belegten Werdegängen her erfasst (besonders gründlich den Reichspräsidenten Friedrich Ebert) und dann die sich seiner eigenen prorevolutionären Optik fügenden Persönlichkeitszüge mittels stimmiger Deutungen durch Presseberichte und –kommentare herausmodelliert. Bezüglich der Charaktergestaltung von Rosa Luxemburg ergänzen längere dichterische Fiktionen – in Gestalt von Halluzinationen über ihren im Krieg gefallenen Freund Johannes Düsterberg und über Diskussionen mit dem Satan – die historisch belegbaren Fakten, um die besondere Sensibilität des mit psychischer Erkrankung stigmatisierten Menschen für die ethischen Probleme der Gewalt zu betonen. Kontrovers dazu findet sich eine Gegenposition mittels eines literarischen Belegs auf französischer Seite. Der Erzähler nimmt Passagen aus einem Werk des Dichters Henri Lavedan (>Der bewaffnete Friede<) und konzipiert damit – nach dem Kriegseintritt der Amerikaner Ende 1941 – während der zu diesem Zeitpunkt erfolgenden Überarbeitung des dritten Bandes der >November<-

Tetralogie den realpolitischen Standpunkt des Völkerbundes und der französischen Militärführung innerhalb des Romans, womit wiederum ein dramatisches Gegengewicht zum grundsätzlichen Ideal der Gewaltlosigkeit hergestellt wird („Dieser Friede wird bewaffnet sein, bewaffnet für die menschliche Gesellschaft, bewaffnet gegen die Feinde der menschlichen Gesellschaft, gegen die Macht des Bösen, der Beutegier, des Wahnsinns." >Heimkehr der Fronttruppen<, S. 310, Lavedan – Zitat des Adjutanten vor dem um kluges Vorgehen gegen die Deutschen ringenden Generalissimus Foch). Über das Traumleben und eine diagnostizierbare Psychotik von Rosa Luxemburg und über den Lesestoff des französischen Militärbefehlshabers gibt es keine Nachweise. Der Autor Döblin lagert an die ihm wesentlich erscheinenden Persönlichkeitsmerkmale und dokumentierten Leistungen literarische Fiktionen dergestalt an, dass formal die dramatische Großstruktur des Romans an gegengewichtiger Spannung gewinnt und inhaltlich die allseitige Bemühung um das Wie einer gerechteren Neuordnung Deutschlands und der Weltpolitik verdeutlicht wird. Eine der bemerkenswertesten Leistungen Döblins hinsichtlich des Umgangs mit Tatsachenmaterial besteht sicher im Mut, angesichts der Faktenflut über maßgebliche Personen seiner eigenen Gegenwartsgeschichte und gegenüber der Werteneutralität oder sogar der staatstreuen Wertung durch Historiographien der Wilhelminischen Ära und der Hitlerzeit moralische Gewichtungen vorzunehmen. Für ihn hat der humanistische Einsatz einer an großer Politik beteiligten Persönlichkeit positive Valenz, die Verhinderung neuer Strukturen oder die Wiederbelebung der alten sind in seiner Erzählweise negativ besetzt. Karl und Rosa stellen für Döblin wegen ihres primär gewaltscheuen, prorevolutionären Humanismus im Gegensatz zur Konterrevolution des konservativen Ebert und des „Bluthundes" Noske anerkennenswerte Figuren dar. So definiert er die Charaktere seiner Hauptgestalten des vierten Bandes der Roman-Tetralogie unter Vernachlässigung aller anderen realhistorisch gegebenen Kolorierungsmöglichkeiten von der skrupulanten, aber idealistischen Bemühung um ein neues Deutschland her. Die historische Dokumentation wird also auswahlhaft verwendet, jedoch nicht verfälscht oder allein der eigenen Intention assimiliert. Der Autor und die Hauptfiguren Karl und Rosa stehen bezüglich ihres idealistischen politischen Wollens auf einer gemeinsamen Frontlinie:

Karl Liebknecht:

„Als Vertreter der Spartakusgruppe trat er in den Vollzugsausschuss der revolutionären Obleute ein. Am 9.11.1918 proklamierte Liebknecht in Berlin die freie sozialistische Republik Deutschland. Da die SPD-Führer Liebknechts Bedingungen, die Übergabe der Macht an die Arbeiter- und Soldatenräte ablehnten, trat Liebknecht nicht in den Rat der Volksbeauftragten ein. Am 11.11.1918 bei Gründung des Spartakusbundes wurde Liebknecht in dessen Zentrale gewählt. Zusammen mit Luxemburg übernahm er die Redaktion der `Roten Fahne´. In den `Leitsätzen´ (28.11.1918) legte Liebknecht ein Programm politischer, ökonomischer und sozialer Aufgaben zur Weiterführung der Revolution in eine sozialistische nieder; er trat für die Errichtung der Rätemacht ein und lehnte die Wahlen zur konstituierenden Nationalversammlung ab. Auf dem Gründungsparteitag der KPD referierte Liebknecht am 10.12.1918 über die Krise der USPD und die Notwendigkeit einer selbständigen revolutionären Partei der Arbeiterklasse. Am gleichen Tag erfolgte seine Wahl in die Zentralleitung der KPD.“[27]

Rosa Luxemburg:

„Vom 16.7.1916 bis 8.11.1918 in sog. Schutzhaft [...] Während ihrer Gefangenschaft Abfassung zahlreicher Flugblätter und Artikel für die `Spartakusbriefe´, in denen sie Chauvinismus und Pazifismus in der deutschen Arbeiterbewegung zurückwies und zu Aktionen für die revolutionäre Beendigung des Krieges aufgerufen wurde. Luxemburg erkannte die welthistorische Bedeutung der Oktoberrevolution und die mit ihr verbundenen Verdienste der Partei der Bolschewiki um den Fortschritt der Menschheitsgeschichte. In Polemik mit Lenin warnte sie 1918 vor einer Einengung der sozialistischen Demokratie und nannte dabei Gesichtspunkte für deren Ausgestaltung, die sich als von existenzieller Bedeutung für den Sozialismus erwiesen. Am 10.11.1918 Rückkehr nach Berlin. Mitbegründerin des Spartakusbundes. Mitglied der Zentrale und mit Liebknecht verantwortlich für die Herausgabe der `Roten Fahne´. Luxemburg entwarf das Programm des Spartakusbundes und erläuterte es in ihrer Rede auf dem Gründungsparteitag der KPD, in der sie über die Aufgaben der Arbeiterklasse und ihrer neuen Partei in der Revolution sprach.“[28]

---

[27] E. Keller über Karl Liebknecht, in >Biographien zur deutschen Geschichte<, S. 316
[28] G. Adler über Rosa Luxemburg, ebenda, S. 330

41

Der Autor leistet die Integration von Persönlichkeitsstruktur, politischer Zielsetzung und tagespolitischer Kleinarbeit seiner Helden und verleiht damit den biographischen und textuellen Dokumenten neues Leben; überdies stellt er die Figuren in einen ebenso anschaulich gemachten historischen Kontext. Damit erneuert Döblin innerhalb der Roman-Tetralogie >November 1918< sein literaturtheoretisches Programm, das er im viel beachteten Vortrag 1928 in der Berliner Humboldt-Universität veröffentlicht hatte. Die Rede über den >Bau des epischen Werks< bringt seine Überzeugung vom Primat der dichterischen Konzeption über die bloß ordnende und belegende geschichtliche Dokumentation zum Ausdruck. Doch der Interpret darf sich bei aller Berücksichtigung der durch den Autor vorgenommenen Abgrenzung von Epik und Geschichte nicht zur Annahme verleiten lassen, dass der Dichter die historische Realität zugunsten eines Phantasieproduktes verfälsche. Der Dichter macht den Idealismus der führenden Revolutionäre zu seinem eigenen und bekennt sich zu einer politischen Moral eingreifender Kunst, die in der Art und Weise Brechts sich die historischen Dokumente wertend assimiliert:

„Sie sehen aber jetzt klar das Verhältnis der beiden Kunstsphären, die im Epischen mit der Berichtform zusammenhängen, wie ich eben zeigte: die phantastische und Fabuliersphäre, das ist nur die Negation der realen Sphäre und garantiert ein Spiel mit der Realität – die überreale Sphäre, das ist die Sphäre einer neuen Wahrheit und einer ganz besonderen Realität. Jetzt also darf man wieder in der Form des Berichts sprechen. So wird diese Form wieder wahr in der Sphäre des epischen Kunstwerks, und hier ist nicht mehr die Rede von Schwindel, Phantasterei, die Dichtung ist nicht mehr eine unehrliche, verworrene und unglaubwürdige Angelegenheit, die Dichtung ist nicht mehr degradiert zu einer subjektivistischen Spielerei, und wenn die wirkliche epische Dichtung das Imperfektum gebraucht und stolz berichtet, so zeigt sie damit, dass sie weiß, wer sie ist und dass sie ihren Ort und Rang im Geistesleben kennt."[29]

Abgesehen von Döblin und Brecht weisen auch die Dokumentarstücke von Rolf Hochhuth (>Der Stellvertreter<), Heinar Kipphardt (>In

---

[29] Alfred Döblin: >Der Bau des epischen Werks<, in >Aufsätze zur Literatur<, S. 111

Sachen J. Robert Oppenheimer<) und Tankred Dorst (>Toller<) die Kombination der beiden Eigenschaften `historische Verbürgtheit´ und `wertende Entschiedenheit´ auf, womit belegt werden kann, dass die für die Geschichtswissenschaft so wichtig erscheinende Wertneutralität für die Dichtkunst ein nachgeordnetes Kriterium darstellt. Das Eindringen von historischen Belegen in die Dramenhandlung und die Reden der Protagonisten und ihrer Kontrahenten – was bei Döblin in der Form dramatisch geprägter Romanabschnitte erscheint – lässt den Schluss zu, dass dokumentarische Literatur primär einem humanistischen Anliegen verpflichtet ist. Von daher wird verständlich, dass Tendenz und Belegfreudigkeit auf dem dichterischen Sektor – im Gegensatz zur Geschichtswissenschaft – verträgliche Eigenschaften des Dokumentarstückes sind, gerade wenn geschichtliche Fehlverläufe und Unrecht aufgewiesen werden sollen oder wenn die Hoffnung der Dichter der Realgeschichte einen anderen Verlauf bahnen möchte. Dass dieses Wollen ein nachträgliches ist, unterstreicht den tragischen Grundzug dieser Dramen, so auch der dramenhaften Ebene in Döblins >November 1918<. Die strukturelle Verwandtschaft dieses Revolutionsromans mit dem Theaterkonzept Bertolt Brechts erweist sich auch bezüglich der moritatartigen Untertitel vieler Kapitel, die einerseits als Vorwort und `Bühnenanweisung´ dienen, andererseits einen ironischen Kommentar zur folgenden Szenerie abgeben, welcher unter Voraussetzung der kritischen Reflexion des Zuschauers eine wertende Betrachtung des geschichtlichen Geschehens ermöglicht. Als Beispiele seien einige Kurzprologe aus dem dritten Band der Revolutions-Tetralogie genannt:

„Soldaten alten und neuen Stils
Wegen des notorisch schlechten Wetters ziehen einige Offiziere Regenkappen über den Stahlhelm. In Steglitz sprechen aus demselben Grunde andere Offiziere einen Eid nach. Aber ganz junge im Zossener Lager ballen die Faust und verschwören sich dem `Heiligen Reich´". (>Heimkehr der Fronttruppen<, S. 130)

„Austrocknung des Deutschen Sumpfes
Der Russe Radek fällt einem Berliner Witzbold in die Hände, der ihm verschiedene Bären aufbindet. Nachher merkt Radek, der Mann war nicht so dumm, und es stimmt schon: Den deutschen Sumpf kann nur ein fremder Diktator austrocknen". (>Heimkehr der Fronttruppen<, S. 262)

„Marschall Foch entwickelt seine Friedensideen
Seine Friedensthese ist: Man muss den Deutschen den Krieg möglichst schwer
machen. Alles andere ist Deklamation". (>Heimkehr der Fronttruppen<, S. 310)

Die knappen Kommentare lassen auch hinsichtlich des Stilmittels der
Verfremdung ihre Abstammung von der auf die geistige Arbeit des
Publikums ausgerichteten Dramenkonzeption Brechts erkennen.
Döblins Roman macht insbesondere von den Möglichkeiten der
Parodie Gebrauch, womit der Erzähler seine Figuren einer gewissen
Lächerlichkeit aussetzt und dem Leser Distanzierung und
selbständiges Überdenken nahe legt:

„Brechts Theater ist das konsequenteste und ausladendste Unternehmen darin,
die Anwesenheit des Zuschauers in den dramatischen Text und seine Spielweise
einzubeziehen. Die Adressierung an den Zuschauer, im Grundgestus der Sprache
Brechts schon enthalten, wird durch zahlreiche ausdrückliche Episierungs- und
Distanzierungsmittel verstärkt: etwa durch Songs, Conferencen, Prologe,
Szenentitel, Projektionen, Beleuchtungswechsel."[30]

Döblins Untertitel weisen zudem auf den von Bertolt Brecht wieder
entdeckten Bänkelsang hin, dessen rüder Sprachduktus den Kontrast
zwischen der gesellschaftlichen Wirklichkeit und seinem eigenen
politischen Ideal offen legt. Im Verwendungszusammenhang
gesellschaftskritischer Literatur des 20. Jahrhunderts fällt auf, dass
eine triviale Kunstform für das Hinterfragen politischen Geschehens
als geeignet empfunden wird und die Gattungsdefinition des 17.
Jahrhunderts hinsichtlich der vormals dominierenden Lehrhaftigkeit
eine Verlagerung zugunsten der Polemik erfahren hat:

„Der Bänkelsang verbreitete sensationelle Neuigkeiten, vor allem rüde Mord-
und Räubergeschichten sowie rührende Familien- und Liebesdramen. Er ist
lehrhaft und vermittelt ein im Grunde affirmatives Weltbild, in dem allerdings
die Sehnsucht nach einer gerechten Ordnung aufscheint [...] Bänkelsang-
Traditionen finden sich in sozialkritischer Lyrik und im Kabarett."[31]

---

[30] Henning Rischbieter: >Brecht I<, in >Friedrichs Dramatiker des Welttheaters<, Bd 13, S. 25
[31] Walter Fähnders: >Bänkelsang<, in >Harenbergs Lexikon der Weltliteratur<, Bd 1, S. 286

Die ironisierenden Untertitel in Döblins >November 1918<-Roman müssen innerhalb des übergreifenden Stilmittels der Verfremdung betrachtet werden, welches durch Brecht zum wichtigen Bestandteil einer Theatertechnik entwickelt worden ist, die vorwiegend auf den reflektierenden Verstand des Zuschauers zielt und den Spaß der polemischen Grundabsicht einverleibt:

„Bühnenwerke weiteten sich über ihren philosophischen, wissenschaftlichen Gehalt zu Modellen, die auf die indirekten gesellschaftlichen Wirkungsmöglichkeiten der Kunst verwiesen. Mittelbar über das Bewusstsein der Rezipienten sollten für Brecht Dramen und Theater Einfluss nehmen. Indem er die Fabel des Dramas – Herzstück der theatralischen Veranstaltung – ihrer inhaltlichen Sensation beraubte, die Spannung vom Ausgang auf den Gang der Dinge lenkte, bahnte er einer Theaterpraxis den Weg, die analog einer neuen Schauspiel- und Zuschaukunst bedurfte. Historisierung, V-Effekt, Dialektik, Montage, Gestus als grundlegende Bestandteile des Epischen Theaters blieben nicht allein theoretisches Substrat [...] Gemäß seiner antiillusionistischen Dramaturgie rückte die Verfremdung zum stilbildenden, weil Distanz schaffenden Element der Schauspielkunst auf."[32]

In Döblins Groß-Epos über die deutsche Revolution gelangen Episches Theater und dramatisiertes Epos in unmittelbare Berührung. Die künstlerische Integration zweier Grundformen von Literatur ermöglicht die Schilderung von neuester Geschichte und zugleich ihre Reflexion. Döblin dringt in breiterer Darlegung in das geschichtliche Gemenge ein und widmet sich gleichzeitig der Konstruktion und der Destruktion einer politischen Lösungsmöglichkeit für das deutsche Dilemma. Dem Erzählprinzip der Umfassendheit und der Dialektik – bei dessen gleichzeitiger Erweiterung um den Zweifel – entspricht Döblins Entscheidung für den dramatischen Roman.

1.4   Mythisierung des Gewaltdilemmas mit Hilfe
        alttestamentlicher Motive

In der Darstellung von Döblins >November 1918< leidet Rosa Luxemburg an Halluzinationen. Sie hält Zwiesprache mit ihrem in Russland gefallenen Verlobten Hannes Düsterberg, und sie diskutiert

---

[32] Joachim Wilke: >Tendenzen des modernen Theaters<, in >Propyläen<, Bd 6, S. 500

mit dem nach dem Bild der Mythologie gestalteten Satan („Dass er der Satan war, konnte ein Kind sehen. Starke Hörner wuchsen ihm aus der Stirn. Ein glattes glänzendes Fell überzog seinen straffen Leib." >Karl und Rosa<, S. 304). Die Erscheinung des Hannes beruhigt sie und verleiht ihr Ausdauer während des Gefängnisaufenthaltes, das Auftreten des Teufels ist erzählerisch mit der Debatte um die Notwendigkeit revolutionärer Gewalt verbunden. Um die Jahreswende 1918/19 weicht die an private Affekte geknüpfte Hannes-Figur der an grundsätzliche philosophische und politische Fragen gekoppelten Satanserscheinung.

Gespräche und Verträge mit dem Teufel haben in der deutschen Literatur vielfachen Niederschlag gefunden seit Hrosvit von Gandersheim („Unter den Legenden, vorwiegend Märtyrergeschichten, findet sich die erste dichterische Behandlung der später weitverbreiteten Legende vom Teufelsbündner Theophilus."[33]), vor allem aber in den Bearbeitungen des Faust-Stoffes seit dem Volksbuch und nachfolgend durch die Literaten Friedrich Müller, Friedrich Maximilian Klinger, Johann Wolfgang v. Goethe, Nikolaus Lenau und Thomas Mann. Primär hatte der wie ein Mensch sprechende Theater- und Roman-Teufel die Funktion, der Hauptfigur übernatürliche Möglichkeiten für einen neuen Selbstvollzug zu verschaffen, der sich dann gegen Ende der Dichtungen als verhängnisvolle Täuschung erweist. Am nächsten erscheint der Satan von >November 1918< dem Mephistopheles von Goethes Faust-Tragödie verwandt. Nicht nur als Antipode des guten und allmächtigen Gottes argumentierend, sondern auch als Kenner der Welt und des Menschen reflektierender Weiser erklärt er dem Protagonisten die Geheimnisse der Schöpfung, wobei er gleichzeitig berät und polemisiert, informiert und verführt. Seit Aufklärung und Sturm und Drang liegt die interpretatorische Notwendigkeit auf der Hand, die literarische Teufelsfigur über die Ebene der Spielhandlung hinweg auch entmythologisierend zu deuten als innere Möglichkeit des Helden und als Appell, über gesellschaftskritische Absichten der Autoren nachzudenken. Besonders ist es bei Thomas Manns >Doktor Faustus< geraten, die Mythologie hintanzustellen und die Mephisto-Gestalt als personifizierte Verirrungen einseitiger und radikalisierter Religions- und Kunstauffassung zu verstehen. Dies ist vom Autor

---

[33] Volker Meid: >Hrosvit von Gandersheim<, in >Metzler Literatur Chronik<, S. 7

schon deshalb nahegelegt, weil ein Satan als konkretes Gegenüber außerhalb der mit satanshafter Aura dargestellten Personen nicht mehr existiert. Doch auch der Teufel im vierten Band von Döblins Revolutionsroman will helfen, überzeugen und trotz logischer Argumentation letzten Endes auch verführen, sonst wäre die literarische Verwendung des personifizierten Bösen selbst in symbolischer Funktion verfehlt. Döblins Satan möchte Rosa Luxemburg unter Hinweis auf die Absenz Gottes seit dem Schöpfungsakt zum entschlossenen Gebrauch revolutionärer Gewalt bestärken. Im dramatischen Dialog übernimmt Luzifer die Führung, indem er die selbständige Tat gemäß deistischer Auffassung der Aufklärung als das Gebot der Stunde propagiert. Der gesellschaftliche Vollzug des Guten sei in der Zeit einer selbst zu gestaltenden Welt dem erkennenden und entschlossenen Revolutionär überlassen:

„Ich muss die Welt in Ordnung bringen, die der andere verpfuscht hat. Damit sind wir, ich und meine Freunde, vollauf beschäftigt. Es ist leichter, etwas Neues zu schaffen, als Fehler wiedergutzumachen. Er, der andere, hat seine Schöpfung hingestellt. Er hat geglaubt, mit seinen Mitteln die Welt schaffen zu können. Sie blieb im Entwurf stecken. Was wollte er? Frieden? Harmonie? Aber er schuf die Welt aus dem Nichts, und die Zeit und die Materie traten in seinen Plan ein und stimmten nicht zu dem Plan. Der Fehler lag auf der Hand, aber er wollte ihn nicht wahrhaben." (>Karl und Rosa<, S. 382)

Diese Mephisto-Gestalt des modernen Romans greift in raffinierter Weise die Schwächen eines Schöpfungspessimismus auf und plädiert in zwingender Logik zur Korrektur der erfolgten gesellschaftlichen Fehlentwicklung durch Revolution. Die Argumentation dieser Satans-Figur ist Bestandteil einer philosophischen und dramatisch aufgebauten erzählerischen Grundhaltung, die das zauderliche Verharren einer pazifistisch gesonnenen Marxistin vor dem Einsatz von Waffengewalt zum Zwecke der Revolution thematisiert. Der gute Gott hält sich aus den verfahrenen Angelegenheiten heraus und überlässt in der Darlegung dieses Satans die notwendige schmutzige Arbeit den Menschen, die stellvertretend für ihn das Gute mittels Umsturz wieder etablieren. Den Schwachpunkt in diesem stimmig erscheinenden gesellschaftsphilosophischen Grundmodell bildet nur der Umstand, dass diese Erklärung für einen Frieden mittels kurzfristiger Gewaltanwendung und der Ausschaltung konservativer

Strukturen von einem Satan stammt. Im Hintergrund des Plädoyers für die marxistische Gesellschaftstheorie steckt bereits der Zweifel des Autors an den Mitteln für eine Revolution. In der Person der Rosa treffen Friedenssehnsucht und Realitätserkenntnis, pazifistisches Grundgefühl und aktives Verändern-Wollen zusammen. Der Erzähler benutzt psychiatrisch geprägtes Erzählmaterial: Halluzinationen einer privaten Idylle mit dem gefallenen Verlobten, dazu Unterricht über Revolutionsbereitschaft beim Lehrer und Aufklärer Satan. Der Erzähler hebt mittels fiktionaler Psychosen das Dilemma hervor, welches zwischen privatem und gesellschaftlichem Ideal einerseits, und der für die Arbeiterklasse ungerechten Wirklichkeit andererseits, besteht. Dem Alten Testament ist die Figur des aufbegehrenden gefallenen Engels entnommen, der von Gott verstoßen wurde und auf seine Weise etwas Gutes schaffen will. Die schwer zu vereinbarenden Zielvorstellungen der historischen Rosa Luxemburg werden vom Erzähler in zwei verschiedene Personen verlegt, die als Projektionen der Konflikte in ihrem Bewusstsein ohnehin und in ihrem Unterbewusstsein gedeutet werden müssen. Das Anliegen einer friedfertigen und zugleich gerechteren Gesellschaft ist Teil ihres Wesens geworden, und ein Erzähler, der mittels Psychiatrie auch Philosophie figuriert, problematisiert das innerliche und äußerliche Dilemma zwischen dem Friedenswunsch und seiner strukturellen Etablierung. Zwischen Autor und Figur besteht diesbezüglich eine Affinität, wie sie auch für Döblin und Friedrich Becker gilt: Gewalt ist von Übel – doch wie kann Gewaltfreiheit eingerichtet und dann gesellschaftlich abgesichert werden? Während es sich bei Becker um eine literarische Kunstfigur handelt, stellt Rosa Luxemburg eine Person der Zeitgeschichte dar, deren Kampf für gerechtere Strukturen historisch belegt ist. In politologischer Theorie und in sozialistischer Praxis bildeten Imperialismus-Kritik, Revolutionstheorie und Humanismus die kennzeichnenden Momente ihrer wissenschaftlichen und parteipolitischen Anstrengungen:

„1898 bis 1913 nahm Luxemburg an fast allen Parteitagen der deutschen Sozialdemokratie teil. Sie entwickelte sich zu einer geachteten und streitbaren marxistischen Theoretikerin, die bei der Analyse der ökonomischen und politischen Situation wichtige Merkmale des Imperialismus erkannte, als eine der ersten den Zusammenhang von Imperialismus und Militarismus aufdeckte

und mit aller Entschiedenheit gegen die reformistische Verneinung der geschichtlichen Notwendigkeit der proletarischen Revolution auftrat. Luxemburg trug mit ihrem theoretischen und praktischen Wirken zur Weiterentwicklung des Marxismus und der Strategie und Taktik der revolutionären Kräfte in der deutschen und internationalen Arbeiterbewegung bei [...] Sie war eine der engagiertesten Friedenskämpfer ihrer Zeit und zeichnete sich durch hohe Bildung und sozialistischen Humanismus in allen ihren Wirkungsbereichen aus.[34]

Der Erzähler verstärkt durch die Einbeziehung des übernatürlichen Bereichs in Natur und Erleben seiner Hauptperson die Bedeutung der prinzipiell gegensätzlichen Werte-Ethik von Frieden und Revolution. In der für einen modernen Roman ungewöhnlichen Satans-Figur wird ein Säkularismus zum Ausdruck gebracht, der sich eines metaphysischen Impetus zur Verbesserung der Welt bewusst ist und eingedenk der Verwiesenheit auf die eigenen natürlichen Kräfte den Umsturz der Strukturen bewirken will. Der Deismus der Aufklärung gibt auch einem Weltpessimismus Raum: Da seit den Tagen der Erschaffung des Menschen durch einen guten Gott schon vieles schief gegangen ist, darf auch die Revolutionierung von Gegebenheiten, die seit der Sozialkritik des 19. Jahrhunderts als untragbar empfunden wurden, in gewisser Infizierung von Schuld erfolgen. Der Literatur-Satan Döblins billigt wegen der letztlich positiven Zielsetzung die methodische Gewaltanwendung der Revolution, und zugleich beschwichtigt die Figur das ehrliche Gewissen Rosas, die als Mensch und als Realpolitikerin sich des vielfachen ungerechten Blutvergießens im Verlauf der revolutionären Kampfhandlungen bewusst ist. Die Ratschläge dieses Mephistopheles setzen die Absenz des Schöpfergottes voraus und werben für eine beherzte und skrupellose Durchführung einer Revolution. Insofern vertritt er eine von Figur und Erzähler angestrebte Konsequenz, die jedoch vom Ganzen des >November<-Romans mit ethischen Abstrichen versehen ist. Von den Romangestalten darf nicht ohne Weiteres auf den Autor geschlossen werden. Auch bestehen zwischen dem Wollen der Helden und ihrer Praxis Unterschiede, die auf ethischen Hemmungen hinsichtlich der ausufernden Gewalt beruhen. Der politische Satan von >Karl und Rosa< verkörpert in sozialistischer Ideologie den Geist des

---

[34] G. Adler über Rosa Luxemburg, in >Biographien zur deutschen Geschichte<, S. 329 f

Aktivismus, mit dem Goethes Faust seine Bibelübersetzung beendet („Mir hilft der Geist! Auf einmal seh′ ich Rat. Und schreibe getrost: Am Anfang war die Tat!"[35]) und mit dem der alte Faust sein Hinwendung zum Gemeinwohl bejaht („Eröffn′ ich Räume vielen Millionen [...] Nur der verdient die Freiheit wie das Leben, der täglich sie erobern muss."[36]). Der Mephisto Döblins verkörpert die radikale Variante des Marxismus, den praktischen Kommunismus, der die Skrupel Rosas vor dem Gewaltgebrauch mittels der Diktion Lenins und Radeks beiseite wischen will:

„Endlich. Die Sentimentalität aus deiner Seele reißen. Dich nicht an faule Gefühle hängen. Mach dich und die Menschen hart, trotzig, stählern. Lehre sie lachen, zynisch, wenn es nötig ist. Sie sollen nichts fürchten als ihre Selbstvorwürfe, versagt zu haben. Mich mögen sie ruhig verfluchen, wenn sie mich nur im Herzen haben. Zerstöre ihre albernen Illusionen von Frieden und Harmonie, die der andere ihnen eingetrichtert durch Pfaffen und Poeten." (>Karl und Rosa<, S. 385)

Dieser Teufelsfigur fehlen Magie und Zauberkraft. Es handelt sich ganz im Gegensatz zur Aura der unheimlichen Mächte einer metaphysischen Unterwelt aus dem Faust-Stoff um eine Manifestierung einer sozialistischen Rationalität, welche nach der Grundentscheidung für den revolutionären Umsturz der Gesellschaft um die weiteren Konsequenzen ringt, die den entschlossenen und skrupellosen Einsatz der Waffen gegen hemmende Kräfte beinhalten. Insofern ist dieser fliegende Teufel trotz seiner althergebrachten Dämonie verweltlicht und nur noch ein Bild für Revolutionsstrategie und für eine psychologische Projektion der Gewissensvorbehalte einer im Prinzip gewaltscheuen sozialistischen Theoretikerin gegen den Einsatz der Gewehre. Auch Rosa unterscheidet sich stark vom Faust der literarischen Tradition. Ihr geht es nicht um die Erkenntnis dessen, was eigentlich der allwissenden Gottheit vorbehalten ist, ebenso nicht um egozentrisches Erleben und Gewinnen übernatürlicher Kräfte. Sie will nach außen wirken, in den Dienst der Entrechteten und im Ersten Weltkrieg missbrauchten Menschen treten und den unteren Gesellschaftsschichten zur Regierungsmacht verhelfen. Sie sieht sich im Dienst einer großen Sache, sie will das Gute aus der Warte eines

---

[35] Goethe: >Faust<, V 1236
[36] Goethe: >Faust<, V 11563 u. V 11576

marxistischen und zugleich humanitären Gesellschaftsverständnisses tun. Der sich in biblischer Polarität verkörpernde Konflikt zwischen Gott und dem abgefallenen Engel Satan symbolisiert Rosas Dilemma, sowohl in säkularer Weise das Gute fortzusetzen, das ein sich aus der Welt heraushaltender Schöpfer initiiert hat, als auch von bösen Mitteln Gebrauch machen zu müssen, um in einer Welt, die von agierenden natürlichen Menschen bestimmt wird, der besseren Struktur zum Sieg zu verhelfen. Die Einflüsterungen von Döblins Satans-Figur sind beherrscht von Aktionismus und Pragmatik, der Gott des Textes steht für Zaudern und Inkonsequenz: „Ich bin im Krieg, Politik, im frischen, freien Leben der Welt. Er – muss sich in Kirchen verstecken und sich von Weibern und Pfaffen etwas vorsäuseln lassen." (>Karl und Rosa<, S. 385) Trotz der christlichen Wende des Jahres 1941 schafft der Autor 1943 eine Polarität, in welcher Gott – im Gegensatz zum katholischen Verständnis und zur privaten Erfahrung Döblins – sterile Weltferne repräsentiert. Die literarische Fiktion bildet den Freiraum, in welchem der Autor über die religiösen und kirchlichen Vorprägungen hinweg seine Hoffnung über eine vom Menschen selbst zu schaffende sozialistische Gesellschaftsstruktur auslebt. Die endlosen theatralischen Dispute Rosas mit einem kommunistisch argumentierenden Teufel belegen nicht eine Psychose der historischen Führungsgestalt der Spartakisten, sondern ihre Scheu vor dem Kampf selbst noch zu einem Zeitpunkt, an dem die Spartakisten nach den ersten Gräueln der Weißen das moralische Recht der Gegengewalt hätten für sich in Anspruch nehmen können:

„Es gibt Fortschritt und keinen Frieden. Das Ziel und den Weg kennst du. Und da ist nicht Platz für ein Gefühl oder ein Bedenken. Stählern musst du sein." (>Karl und Rosa<, S. 521)

Doch ist die Perspektive der Hauptfiguren über die Utopie der sozialistischen Gesellschaftsordnung hinaus nicht mit der des leiderfahrenen Autors identisch, zumal Döblin zur Schreibzeit dieser Dialoge längst auch die Gräuel des kommunistischen Lagers kennt; wie er es überhaupt nie versäumt hat, auf die Unterschiede zwischen marxistischer Utopie und kommunistischer Pragmatik hinzuweisen, so schon im Aufsatz >Selbstschändung des Bürgers< aus dem Jahr 1930:

„Schauerliches Resultat der deutschen Bildung der vorausgegangenen Kultur. Dazu hat Lessing und Kant gestritten, dafür wurde der Geist hell, dafür setzte sich die deutsche Aufklärung und die große deutsche Klassik in Bewegung, und es hat sich unter der Schulpflicht allmählich ein großes allgemeines Wissen im Volk verbreitet. Dazu! Dazu! Wegen dieser verkrampften und tobsüchtigen Bemühungen, von morgen auf übermorgen den klassenlosen Staat zu schaffen, - und zwar mit wem, mit diesen Menschen, mit diesen 100 000 Robespierres, die bereit sind, sich gegenseitig die Köpfe abzuschlagen, jede Bewegung, wenn sie könnten, der Wurf einer Handgranate, - und mit ihnen der `klassenlose Staat´.“[37]

Deshalb entlarvt Alfred Döblin, der zwar auf der linken Seite steht, aber sie in keiner Weise angesichts der Ausschreitungen der radikalisierten Kader im kommunistischen Russland schon seit der Oktoberrevolution des Jahres 1917 idealisiert, seinen Satan durch Selbstäußerungen, welche die Schattenseiten linker Umstürze zugeben und seine eigene Doppelnatur als marxistischer Propagandist und metaphysische Personifikation des Bösen offenbaren:

„Es geht nichts über euch Wohltäter der Menschheit. Ihr habt euren Beruf erfasst. Auf keinem Weg blüht so viel Tod und Vernichtung wie auf eurem. Ihr seid meine Freunde und Gehilfen, weil ihr mehr Hoffnungen sät und mehr Verzweiflung erntet als irgendeiner sonst. So macht ihr das Feld für mich frei.“ (>Karl und Rosa<, S. 520 f)

Im Zusammenhang mit der vom Satan des Textes betriebenen Kennzeichnung des Revolutionären als des Notwendigen und damit Guten steht die ebenso vom Satan vorgenommene Entmythologisierung des Paradieses-Mythos nach dem Muster einer liberalen Exegese. Die von Rosa vorgetragene konventionelle Schilderung des Urstandes der Menschheit wird von ihm ins Lächerliche gerückt, von einer Schuld gegen Gottes Wort ist nicht mehr die Rede. Die Gattung Mensch, mit Vernunft begabt, habe in einem Akt der Selbstbefreiung von den Mitteln des Verstandes Gebrauch gemacht und die Gestaltung des Lebensraumes und der Gesellschaft selbst in die Hand genommen:

---

[37] Alfred Döblin: >Selbstschändung des Bürgers<, in >Schriften zur Politik und Gesellschaft<, S. 255 f

„Die Menschen sind gar nicht aus dem Paradies vertrieben worden. Sie sind von selbst gegangen. Sie hatten genug von der Bevormundung. Ich gestehe, an ihrer Aufklärung beteiligt gewesen zu sein. Es war ein jämmerliches Bild, Rosa, ein wundervoller Garten und Menschen drin, die aber nicht Menschen sein durften, sondern eine sanfte, alberne Tierart, ohne Fell und Federn, unter den Bäumen, im Gras." (>Karl und Rosa<, S. 384)

Die Hybris des ersten Menschenpaares, Gott gleich sein zu wollen und zu wissen, was gut und böse ist, spielt in der Deutung des alttestamentlichen Mythos durch diesen Satan keine Rolle. Er begibt sich in das Denkschema der Darwinschen Evolutionstheorie, in welcher die Betätigung des menschlichen Geistes eine Folge der Emanzipation der Gattung Mensch aus dem Tierreich darstellt. In die Debatte zwischen Rosa und dem Satan über die richtige Deutung des biblischen Bildes vom Verlust des heilen Urstandes begibt sich auch Karl Liebknecht, der seinerseits die Position dieses revolutionären Satans noch intensiviert, um Rosas Gewissensvorbehalte gegen Waffengewalt zu zerstreuen:

„Du kannst auch, wenn du willst, an die Götter unserer Epoche denken, an die Kaiser, die Diktatoren, an die Feldherren, die Regierungen und die Kapitalisten, die das Volk unter sich treten wollen, aber aus dem Volk wird mit unserer Hilfe das Proletariat, und der Boden unter den Füßen dieser Herren geht in Flammen auf und verwandelt sich in einen Feuersee [...] Du musst lesen, Rosa, bis zu welchem Maß Satan sein Werk gelingt, Adam zu Adam und Eva zu Eva zu machen, das Werk der Aufhellung des Menschen, und wie die Menschen, Rosa, allein dadurch ihm ähnlich werden. Und dann ist natürlich die Unschuld weg und die pausenlose Fröhlichkeit verschwunden, und sie haben mit ihrem Bewusstsein die Scham, das Leiden und den Schmerz eingetauscht, dazu Krankheit und Tod. Es ist nicht mehr Paradies, aber es ist auch nicht Hölle. Es ist menschliches Dasein." (>Karl und Rosa<, S. 582 f)

Nach der Interpretation Karls gebührt dem Teufel der positive Part an der menschlichen Selbstbefreiung, der Schöpfergeist vertritt das Verharren auf dem Status quo, der animalisch-unbewussten Stufe, die allein Schuldlosigkeit und tumbe Folgsamkeit ermöglicht. Das Weltbild Karls ist realistisch und pessimistisch zugleich. Der Wortführer der Spartakisten deutet den biblischen Mythos gemäß dem marxistischen Geschichtsbild: Nach Bewusstmachung der ungerechten Gesellschaftsverhältnisse erfolge der notwendige und leider auch blutige Umsturz, danach könne das Paradies auf Erden von den befreiten Proletariern selbst geschaffen werden. Der heile Urstand nach jüdisch-christlichem Verständnis wird umfunktioniert zu einem paradiesischen Endzustand innerhalb diesseitiger Wirklichkeit. Der Erzähler der Revolutions-Tetralogie >November 1918< hebt mit Hilfe der Bibelstellen die guten Absichten der Revolutionsführer hervor und macht zugleich den wunden Punkt einer Mythosdeutung bewusst, die von Revolutionären unter der Prämisse einer sozialistischen Utopie betrieben wird. Satan wirbt, kongenial mit Karl Liebknecht, für die ethische Berechtigung der gewaltsamen Korrektur des kapitalistischen und imperialistischen Regierungssystems. Die wesentlichen Unzulänglichkeiten – hier sowohl die bisherigen schlechten gesellschaftlichen Strukturen als auch die `Schleifspuren´ eines Umsturzes – erklären sich aus der Schuld der traditionellen Machthaber und als nur vorübergehendes, aber notwendiges Übel aus der Gottverlassenheit einer Welt, in der erkennende Menschen zum Wohl der leidenden Massen die vom Schöpfer gewollte Gerechtigkeit selbständig herstellen müssen. In dieser sozialistischen Interpretation wird scheinbar das biblische Bild von einem ehedem heilen Urstand aufrechterhalten, doch dann erfolgt rasch der Übergang zur materialistisch-aufklärerischen Deutung, gemäß der die revolutionäre Weltveränderung die entscheidende Verbesserung der Verhältnisse herbeiführt. In einer Verbindung von alttestamentlichem Mythos, Sozialismus und Aufklärung erscheint es in dieser dramenhaft gestalteten Romanpassage dem Menschen nach dem Rückzug Gottes auferlegt, die Negativa der menschlichen Geschichte selbst zu korrigieren. Die Sophistik des Satans lastet die dabei auftretenden Schäden dem Urheber einer so gearteten Welt an. Der Widergott Satan offenbart sich als Aufklärer zugunsten einer Eigeninitiative des Menschen. Doch macht sich der Erzähler – wie dies schon an der skeptischen Fragestellung Rosa Luxemburg erkenntlich ist – nur hinsichtlich der sozialistischen Utopie zum Partner dieses Literatur-Satans. Er vertritt im Gesamtwerk keineswegs positiv die für eine Revolution nötige Gewalt gegen Menschen. Der Erzähler lässt neben dem Umstand, dass eben ein Satan als Werber für die schonungslose Revolution auftritt, auch an der Figur eines mächtigen, Gott zugehörigen Cherubs deutlich werden, welche Vorbehalte gegen den

Tod von Hunderttausenden, die bei einer massiven Revolution und einer ebenso energischen Gegenrevolution ums Leben kämen, eingebracht werden müssen:

„Der Cherub: 'Du finsterer Betrüger, du giftige Seele, du Rachsüchtiger. Wann wirst du endlich die Waffen strecken?' [...] Und während Cherub sprach – er war wieder die übergroße Lichtgestalt in weißfließenden Kleidern, mit breiten gesenkten Schwingen -, begann das zauberhafte Summen wieder, aus dem sich seine Worte wie ein Gesang lösten. Das schwoll und verebbte und übertraf allen Zauber, den der andere aufgewandt hatte." (>Karl und Rosa<, S. 548 f)

Das raffiniert unter der Fahne der Erhellung der Menschen zum Guten umfunktionierte Böse ist ein Textbestandteil, den der Erzähler weitgehend als eigene Wunschvorstellung zu begleiten scheint, den er aber auch in kritischer Distanz – und hierin wieder auf dem Geleis traditioneller Religion – allegorisch kommentiert. Und Karl und Rosa kommen als zaudernde humanistische Sozialisten ohnehin nicht dazu, Gewalt unmittelbar zu praktizieren. Sie bleiben verbale Aufrührer, die vor dem Schießbefehl zurückschrecken und bereits von der relativ geringfügigen Gewalt zerrieben werden, die sie mit angezettelt haben. Der Autor selbst hat sich 1938 im Aufsatz >Prometheus und das Primitive< auf eine philosophische und eine evolutionsgeschichtliche Position begeben – zeitgleich mit der Fertigstellung seines zivilisationskritischen dreibändigen >Amazonas<-Romans -, die den alttestamentlichen Mythos vom ursprünglichen Glück und der ersten Schuld der Menschen von der Freiheit des menschlichen Geistes und dem Verstandesgebrauch bezüglich einer aktiven Weltgestaltung her deuten. Döblins moderne Entmythologisierung verlagert die Sünde des ersten Menschenpaares in das den Menschen eigentlich kennzeichnende Denken und Wollen beim Heraustreten aus der ihn ursprünglich bergenden pflanzlichen und tierischen Natur. Die Schuld von Adam und Eva läge demzufolge nicht mehr in Ungehorsam gegenüber einem konkreten Verbot Gottes, sondern in der Emanzipation vom Mutterschoß einer Natur, die den Menschen hervorgebracht hat und ihm die nötigen Lebensgrundlagen zur Verfügung stellt. Ein evolutionsgeschichtlich argumentierender moderner Autor verbindet die Erklärung des Leidens in der Sicht von Offenbarungsreligionen (Schuld des verantwortlichen Menschen gegenüber einem persönlichen Gott) mit der Deutung der Übel auf der Welt gemäß den Naturreligionen und des Taoismus (Herausfallen des Menschen aus dem Naturzusammenhang). Döblins deistische Auffassung über die Anfänge menschlicher Tätigkeit assimiliert die Anschauung des modernen Darwinismus und des Existenzialismus. Das eigenständige Denken und Tun des Menschen ist gemäß dieser Denkweise für die Misslichkeiten der Welt in einem schwerlich entwirrbaren Gemenge des Schuldig- und Unschuldigseins verantwortlich. Vor dem Verstandesgebrauch läge dann in der Argumentationslinie dieser Ansicht nur die Möglichkeit der Unschuld und des ungetrübten Guten. Doch dann wäre der gute Mensch eigentlich ein unbewusst lebendes Tier. So trüge schließlich der schöpferische Gott für die Übeltaten der irrenden oder böswilligen Menschen die Erstverantwortung. Vor dieser letzten Konsequenz seines Menschen- und Gottesbildes hält der religiöse Mensch Alfred Döblin jedoch ein und beschränkt sich auf eine Klage über die Doppelnatur des Menschen, die weder im Nicht-Handeln, noch im Agieren Befriedigung finden kann:

„Es gehört zu den eigentümlichsten Bewegungen der Natur, von denen sie nicht lässt: Gebilde zu erzeugen, die sich von ihr absondern und sich ihr gegenüberstellen. Besonders der Mensch, der sich ob er will oder nicht als Naturgebilde erkennen muss, gerät da in eine qualvolle Zwitterstellung. Er erlebt sich mit einem Leib, einem Organismus, der ihn den Tieren annähert, der den Veränderungen aller Naturkörper unterliegt, der behaftet ist mit Geburt, Wachstum und Stoffwechsel und der vor sich die sichere Aussicht des Todes hat, - aber zugleich ruht das Auge der Menschen mit Misstrauen und Befremdung auf diesem Gebilde, das ihm so viele Schmerzen und Freuden abwirft. Er will und kann sich nicht ganz mit diesem Naturgebilde identifizieren. Er erlebt sich als einsames Wesen. Er ist der Meinung, aus der Natur, wenn auch nur teilweise, entlassen zu sein, bietet ihr die Stirn und hält das für die eigentliche Menschenart." [38]

Der Mythos vom Paradies hat für den Autor doppelte Funktion. Einerseits soll damit das Gut- und Böse-Problem hinsichtlich der Berechtigung linksrevolutionärer Gewalt entspannt werden, andererseits kann Zivilisationskritik gegen die zupackende Art des

---

[38] Alfred Döblin: >Prometheus und das Primitive<, in >Politische Schriften<, S. 347

europäischen Eroberungsgeistes geübt werden. Überhaupt wird im Aufsatz Döblins, der ursprünglich mit >Das wahre und das falsche Primitive< überschrieben war, alles Unrecht gegenüber Menschen auf nicht entwickelten Zivilisationsstufen und jeder mit Technik verbundene Eingriff in die Naturprozesse (was schon 1924 in >Berge, Meere und Giganten< Thema des Romanciers war) als Folge eines Aktivitätsdranges der menschlichen Geistnatur erklärt. Aus der Entmythologisierung Döblins geht letzten Endes in einer Art Zirkelschluss ein neuer literarisierter Mythos von einem heilen Urzustand alles Geschaffenen hervor. Es ergibt sich eine Vorstellung von einer naiven, vor-zivilisatorischen Daseinsweise, wie wenn Verstand automatisch das Böse gebäre oder als ob der menschliche Geist hätte besser für reifes und meditatives Stillehalten nach taoistischem Muster genutzt werden müssen. Der jüdisch-christliche Mythos beinhaltet auch für den Autor der späten Romane die Überlegung hinsichtlich einer Grundentscheidung, die schicksalhafte Bedeutung für die Menschheit hat:

„Wir leben in der Epoche der Vorherrschaft des prometheischen Triebes. Wir haben uns auf das technisch werkzeugliche Leben, Denken und Fühlen zurückgezogen und eingeengt. Unsere Gedanken und Begriffe sind jetzt selber nur noch Hammer und Zange oder ganze Maschinen. Es bleibt aber Tatsache, dass der prometheische Trieb allein nicht die Weltgeschichte macht, sondern er gegen und mit – ja womit? Mit der ganzen anderen vieldimensionalen Natur. Wäre die Geschichte nur Fortschreiten eines prometheischen Geistes, so wäre sie gradlinig, durchsichtig und leicht zu schreiben. Sie ist es nicht. Unsere Verkapselung in den prometheischen Drang, die tyrannische Herrschaft, die er besonders über das weiße Menschengeschlecht übt, hat dazu geführt, dass wir die kleine Fackel, die da leuchtet, das `Licht´ nennen, und die ausgebreitete ungeheure Helligkeit, für die jedes preisende Wort zu klein ist, das `Dunkel´. Die abendländische Geschichte ist von dem wilden, man kann schon sagen, oft barbarischen Vordringen des prometheischen Triebes – es ist der Weg der Civilisation – erfüllt, und von den Gegenbewegungen, Mitbewegungen, Durchflechtungen."[39]

Der religiös eigenwillig denkende Dichter deutet in seinem Pariser Exil bei aller auch durch den bedrohlichen Vormarsch des deutschen

---

[39] ebenda, S. 351

Nationalsozialismus geschärften Kritik an der vergewaltigenden und vergröberten Zivilisation des modernen Eroberungs- und Machtstaates an, dass – für die meisten Menschen unerkennbar – ein höherer Wille zugegen ist, der sich – auch über das geschriebene Wort von wahrhaft geistigen Menschen – Ausdruck schafft. In diesem Zusammenhang gewinnt die Kernthese des 1935 geschriebenen Buches >Flucht und Sammlung des Judenvolkes<, dass die von den Ostjuden nach ihrer Zuwanderung in den europäischen Westen angestrebte Assimilierung an den technischen Geist des Industriezeitalters als entscheidender Fehler zu betrachten sei, großes Gewicht. Hinter der individuellen Mythologisierung und Entmythologisierung des Motives vom Paradies und seines Verlustiggehens kristallisiert sich der Zweifel des Autors an der Moderne heraus, den er mit mittels einer literarischen Moderne, die sich religiöser Sprachbilder bedient, zum Ausdruck bringt. Technik und der ungehemmte Aktionismus des autark gewordenen Menschen haben in der Betrachtungsweise Döblins das Humanum verdrängt, was ihm im Jahr der Verabschiedung der Nürnberger Gesetze besonders deutlich wird. Deshalb zieht er auch das vom Gottglauben emanzipierte Unterfangen, das äußere Leben zu erleichtern, in Zweifel. Der mahnende Kern des alttestamentlichen Textes bleibt erhalten. Der gesamte Werkbefund zeigt einen deistisch und zugleich behutsam theistisch denkenden Dichter. Es geht Döblin nicht um eine dogmatisierte Wahrheit von der Historizität eines Paradieses und einer daraus abgeleitete Erbsünde-Lehre, sondern um die literarisierte Sorge über den rechten Geistgebrauch.

1.5   Verwendung von Elementen des Passionsspiels

Die von der inneren und äußeren Diskussion über die seelische (Friedrich Becker) und äußere (Becker und Karl/Rosa) Reformierung getragene Dramenstruktur innerhalb der Roman-Tetralogie >November 1918< enthält hinsichtlich der Leidensdarstellung auch die Struktur des aus dem christlichen Osterspiel hervorgegangenen Passionsspiels. Die Suche nach dem Auferstandenen prägt das aufgewühlte Innenleben Beckers während seiner Wandlung vom Offizier bis zum hingabebereiten Pazifisten, und er selbst personifiziert in säkularer Darstellung den Schmerzensmann der christlichen Religion während seines Beistands für den verachteten

Schulleiter und den sexuell missbrauchten Abiturienten Heinz. Die Frage nach dem Dasein des toten und doch eingreifend übernatürlich fortlebenden Gottessohnes im Christentum kennzeichnet sowohl die dialogisch strukturierten Textpassagen von >November 1918< als auch die Passionsspiele, die durch Erweiterung der Osterspiele im 11. Jahrhundert und zur Pestzeit im 16. Jahrhundert entstanden waren: „Quem queritis in sepulchro, christicolae?". Das Frage-Antwort-Schema der aus der kirchlichen Liturgie und auch aus dem Bedürfnis nach Belehrung hervorgegangenen Spieltexte ist genauso für die Stationen des inneren und äußeren Leidens der Helden in der Romantetralogie kennzeichnend, zumal auch die Spielhandlung des Roman-Dramas die Helden aufrührende Dialoge zwischen den Vertretern des Himmels (Tauler, Cherub) und der Hölle (Ratte, Satan) enthält, so dass in gewisser Hinsicht formal das 3-Stockwerke-Schema des mittelalterlichen und frühneuzeitlichen Weltbilds der Christenheit gewahrt bleibt. Gerade durch die Rezeption von Jesu Kreuzweg in einem umfassenden Sinn wurde aus dem Spiel über den Glauben in den Kirchen und auf dem Marktplatz eine oft mehrtägige Aufführung der Passionsgeschichte:

„Der Text stellt einen Dialog dar zwischen den die Auferstehung verkündenden Engeln und Frauen, die ihren Herrn suchen. Dieses Frage-Antwort-Schema wurde auf den Weihnachtstropus und das daraus entstehende Weihnachtsspiel sowie auf andere Szenen der Christusvita, z.B. die Himmelfahrt, übertragen, im Laufe der Zeit zum Drama erweitert und durch Einbeziehung der Leidensgeschichte Christi zum Passionsspiel entwickelt."[40]

Abgesehen von dem Umstand, dass Beckers gesamtes Leben seit seiner Verwundung über seine Suche nach einem tragfähigen Ethos bis zur erneuten Befleckung mit Schuld und dem Gefängnisaufenthalt und schließlich dem Landstreicher-Dasein eine Passion darstellt, heben sich die Stationen einer vergeblichen Verkündigung seiner pazifistischen Naturrechts- und Offenbarungsethik, die öffentliche Verhöhnung während der Solidarität mit dem homosexuellen Direktor, die Anprangerung als ein bei Kampfhandlungen in Gefangenschaft geratener `Roter´ und die Isolation als ein einsam Erkennender besonders heraus und lassen die Feststellung von

---

[40] Karin Wilke: >Das Passionsspiel<, in >Harenbergs Literatur Lexikon<, Bd 2, S. 1069

Entsprechungen zu Jesu Verfolgung, dem Verrat, der Geißelung und der Verlassenheit am Kreuz zu. Der Erzähler bezieht sogar einen an Christi Himmelfahrt erinnernden Ausgriff in die religiöse Mythologie in die dramatisierte Handlung ein, indem Satan und Antoniel am Werkende um Beckers Seele ringen, bis schließlich die Rettung des irrenden Idealisten (der zuletzt noch eine Teufelswette über das Gute in der Menschenart abgeschlossen hat) gesichert ist:

„Komm, Friedrich, ich halte dich. Ich lasse dich nicht los. Allein kannst du nicht gehen. Fürchte den Herrn. Rufe ihn an mit jedem Atem [...] Und er wird alle Tränen abwischen. Und Tod wird nicht mehr sein, noch Leid und Schmerz und Geschrei." (>Karl und Rosa<, S. 661)

Da auch ins Passionsspiel vielerlei weltliche Bestandteile aufgenommen wurden, als die Belange der Marktplatzbühne die ursprüngliche Scheu, dem Glaubensgut der Amtskirche nicht gerecht zu werden, überwucherten, erscheint der Vergleich langer Episoden in >November 1918< mit dem sakralen Spiel erlaubt. Hier wie dort unterbrechen derb-volkstümliche Szenen und burleske Verfremdungen die Illusionierung des chronologischen Verlaufes der Leidenszeit:

„Seit dem 12. Jahrhundert verselbständigten sie sich zunehmend und lösten sich von der Liturgie durch die Zutat nichtkanonischer Episoden mit teilweise burleskem Charakter wie z.B. der Salbenkrämerszene oder des Wettlaufs der Jünger zum Grab."[41]

Bei den Figuren Rosa und Karl hat der Erzähler zwar auf eine religiöse Mythisierung des Sterbens verzichtet, dafür aber die Bitternis und die Schmach in den Mittelpunkt gestellt. Karl wird von hohnlachenden Offizieren der Weißen erschossen: „Die Schüsse krachten. Karl hatte schon vorher wie ein Betrunkener geschwankt. Jetzt fiel er leicht um und lag. Man beugte sich über ihn. Man verabfolgte ihm noch einen Schuß." (>Karl und Rosa<, S. 388 f) Rosa wird brutal erschlagen: „Da holt der Soldat, die Beine breit gestellt, schon zum zweiten wuchtigen Hieb aus. Er schwingt den Kolben über sich und schmettert ihn über ihren Schädel mit solcher Wucht, dass es

---

[41] Karin Wilke: >Das Passionsspiel<, ebenda, S. 1069

kracht und sie wie ein gefälltes Tier zugleich mit dem Kolben zu Boden geht. Wie ein Sack liegt sie da und bewegt sich nicht mehr." (>Karl und Rosa<, S. 592) Ihre Gewissensskrupel, derartige Schandtaten beizeiten gegen die Weißen als ethisch gerechtfertigte Gewalt durch die Roten hoch zu stilisieren, waren Teil einer inneren Passion, die der Erzähler in die manifeste Gestalt ihrer Epilepsie und in die Projektionen der Gespräche mit Hannes und dem Satan verpackte. Und Karl, der kurz vor seiner Ermordung noch Miltons >Paradise lost< gelesen und empfohlen hatte, war sich ohnehin im Klaren darüber, dass eine Revolution einen dornenreichen Kreuzweg in eine rohe Realpolitik hinein darstellen würde.

1.6   Tragikomödie, Groteske und Satire als Formen überlegener Ohnmachtsdarstellung

Die literarhistorische Diskussion über die Gattung `Tragikomödie´ weist alle Varianten auf, wie sie bei der isolierten Betrachtung der beiden Teilbegriffe, dem Verständnis der Bezeichnung als Ganzes und schließlich bei Einbeziehung der jeweils zugrunde liegenden Wirklichkeitsvorstellung möglich werden. Schon J.M.R. Lenz ordnet die Tragödie vorwiegend dem griechischen Weltverständnis zur Zeit der griechischen Klassiker zu und bekennt sich in den >Anmerkungen übers Theater< eher zur Darstellungsform der Komödie, soweit aktuelle gesellschaftskritische Absichten bezüglich der eigenen Nation bestehen:

„Er lehnt die Übertragung der aristotelischen Definition der Tragödie auf deutsche Verhältnisse ab und verteidigt seine Ansicht, dass Komödien sehr viel tauglicher seien als Tragödien, da sie Verhältnisse darzustellen in der Lage seien."[42]

Gerhard Hauptmann hingegen will die Basis-Bedingungen für Not und menschliche Skurrilitäten deutlich machen und schiebt in seinen Tragikomödien den Aspekt des Tragischen stärker in den Vordergrund:

---

[42] Peter Zahn: >Die Tragikomödie<, in >Formen der Literatur<, S. 392

„*Dafür hat Hauptmann schon fast eine Vorliebe für den Begriff Tragikomödie. >Die Ratten< und >Peter Brauer< werden ausdrücklich so genannt. Interessant ist, dass die Komödie >Der Biberpelz< ihre Fortsetzung in einer Tragikomödie, >Der rote Hahn<, findet. Erscheinen in der Komödie das Milieu und die Figuren noch naturalistisch-komisch gezeichnet, wobei die Komik hauptsächlich an den Attitüden der Personen und am Mehrwissen des Zuschauers festgemacht ist, so ergibt die Ausweglosigkeit des Milieus mit den daraus resultierenden Handlungen bzw. Haltungen den tragischen Hintergrund für die Tragikomödie ab.*"[43]

Dem Eigenwert dieser Gattung hinsichtlich einer Untrennbarkeit und sogar der Unakzentuierbarkeit eines der beiden Aspekte des Begriffs kommt Friedrich Dürrenmatt besonders nahe, weil er von der Grundlage einer modernen hochtechnisierten und nahezu anonym verwalteten Gesellschaft ausgeht, welche sich der Fasslichkeit durch agierende Menschen weitgehend entzieht:

„*Dürrenmatt will, hierin skeptischer als der dialektische Materialist Brecht, wohl die Konfrontation des Zuschauers mit der vorgestellten Problematik, nicht aber Lösungsmöglichkeiten durch die List der Dramaturgie evozieren. Die `schlimmst mögliche Wendung`, die das Geschehen – in einer Komödie! – nehmen soll, treibt zwar mit dem Entsetzen Scherz, weil dieser anders nicht mehr fassbar und darstellbar zu sein scheint. Doch sie belässt das Entsetzen in einer Welt, die ihre eigenen Erschütterungen nicht hat bewältigen können.*"[44]

Schließlich gibt es noch die Steigerung zum Theater des Absurden, in welchem eine alogisch ablaufende, aus den Fugen geratene Welt vorgeführt wird, die sich gegen die politischen und künstlerischen Bewältigungsmöglichkeiten sperrt:

„*Die Darstellung sozialer (bürgerlicher) Gegebenheiten, bei Sternheim und Kaiser bis hin zu Zuckmeyers >Hauptmann von Köpenick< (1930) noch als Kritik aufgefasst, mündet schließlich in das absurde Welttheater, aus dem es kein Entrinnen gibt, wo nach der verlorenen Individualität auch die reine Existenz fragwürdig wird.*"[45]

---

[43] Peter Zahn: >Die Tragikomödie<, in >Formen der Literatur<, S. 395
[44] Ralf Schnell: >Die Literatur der Bundesrepublik<, in >Deutsche Literaturgeschichte<, S. 551
[45] Peter Zahn: >Die Tragikomödie<, in >Formen der Literatur<, S. 396

In Alfred Döblins >November 1918< steht ein dramenartig konzipierter Teilbereich, nämlich die Praxis einer deutschen Revolution, unter den Vorzeichen der Gattung 'Tragikomödie'. Dialoge und konfuse Handlungen belegen ein Auf-der-Stelle-Treten der Beteiligten. Die Revolutionsführer Karl Liebknecht und Rosa Luxemburg halten ergreifende Reden, verfassen verbal überzeugende Artikel für die >Rote Fahne< und verbreiten agitatorische Aufrufe, doch sie sind den eigentlich damit auf sie zukommenden und auch von ihnen beanspruchten Leitungsaufgaben nicht nur wegen der Hemmungen vor Gewaltanwendung nicht gewachsen, sondern auch wegen mangelnder Vorausschau und organisatorischer Unfähigkeit. Am anderen Ende der Hierarchie der Aufständischen agieren die Arbeiter und Soldaten nur spontan, widersprüchlich und gebärdenhaft. Planung, Konsequenz und Einsatzstärke werden vom Erzähler vermisst. Sogar der politische und staatsrechtliche Sieger über die Revolution, der plumpe Sozialdemokrat Friedrich Ebert, ist in die Tragikomik einbezogen. Der Reichspräsident musste mit militärischer Unterstützung im Gefüge der insgesamt für ihn glücklichen Umstände eine Revolution, die für den Autor diesen Namen nicht verdient, weil sie nur ein Strohfeuer war, ins Leere laufen lassen. Für den Autor waren die literarisch, geistesgeschichtlich und theologisch äußerst fruchtbaren Epochen des Humanismus, der Aufklärung und der Klassik Erscheinungsformen, die der autoritär organisierten deutschen Staatsstruktur in der Folgezeit zum Opfer fielen, so dass das wertvolle Gedankengut dieser Epochen nie bei Bürgertum und Arbeiterklasse Fuß fassen konnte. Wie Döblins Aufsatz vom Februar 1919 – ein Nebenprodukt zum >Wallenstein<-Roman – dokumentiert, haben prinzipiell diktatorische Regierungsformen das Aufkommen von Kritikvermögen und Zivilcourage, wie sie in breiter Phalanx für eine Revolution vonnöten gewesen wären, im Ansatz verhindert:

„Der Bürgerstand verfallend, der Bauernstand längst hin, die Despoten wachsend, wuchernd! Die Theologie warb nicht mehr die Geister, nicht einmal mehr die Theologie – ein Gewinn -, aber der Servilismus dehnte sich aus, überschattete das große, einst freie, vorbildlich freie Land, die Knechtsnatur wurden den Deutschen mit grausamen, langwierigem Stempel aufgedrückt, die Knechtsnatur, die später alle seine Gedanken, Gedichte, Entdeckungen schwach und wertlos machte, weil die Taten ärmlich und erbärmlich blieben. Diese

Knechtsnatur, gegen die sie mit allen Eroberungen, Fortschritten und Errungenschaften vergeblich ankämpften. [46]

Döblins Konzeption der Tragikomödie zur Zeit des Zweiten Weltkriegs konserviert dieses vernichtende Urteil über die potentielle Fähigkeit der Deutschen für einen Widerstand am Ende des Ersten Weltkriegs und gibt noch Kritik an jenen hinzu, denen er trotz seines politischen Pessimismus seine Hoffnung auf grundlegende Reform aufgeladen hat. Dem Autor scheint in der Rückschau eine gerechtere Staatsorganisation erreichbar, so dass die Tragikomödie des Textes ihr Spezifikum vom Kontrast zwischen Zielsetzung und stümperhafter Durchführung erfährt. Die Figuren, die in >November 1918< die Revolution tragen, wissen um die notwendige Struktur des gesellschaftlichen Heils, versagen aber in der Praxis. Das Ziel gehört zum ernsten Pol der Gattung, die Methode gibt die führenden und ausführenden Personen der Lächerlichkeit preis. Die Erzählerposition ist noch nicht in eine Resignation umgeschlagen, die Aufforderung für ein Theater des Absurden geworden wäre. Die Tragikomödie Döblins erwächst aus der Gesellschaftskritik am Aufklärung niederhaltenden Wilhelminischen Machtstaat und aus Vorwürfen gegen die laienhaften Planer und Praktiker eines Umsturzes, die weder sich, noch den Widerpart und das in der Zuschauerrolle verharrende Bürgertum richtig einzuschätzen vermochten. Die Gattung dient einer linken Optik des Autors, der vergangenes und in der Wirklichkeit in vollem Umfang nicht großmächtig ablaufendes Geschehen zu einer einzigartigen Chance gestaltet, die fast die Abkehr vom erwiesenermaßen Verhängnisvollen zum Neuanfang einer guten und friedvollen Gesellschaftsstruktur ermöglicht hätte. Die Tragikomödie Döblins ist im Jahr 1943 einer tendenziösen Konstruktion von Realgeschichte verschrieben, die fünfundzwanzig Jahre früher vielleicht hätte ganz anders verlaufen können. Das literarische Bild gehört der wehmütigen und weitgehend irrealen Hoffnung eines Exilschriftstellers an, der innerhalb einer anderen Schicht seines auf weite Strecken dramatisierten Erzählwerks die Linie der Veränderung mittels Revolution durch den Erzählstrang der Problematisierung der Gewalt und der Hoffnung auf innere Wandlung widerlegt. Selbst Karl Liebknecht projiziert seine Ratlosigkeit auf die anderen Führenden

---

[46] Alfred Döblin: >Der Dreißigjährige Krieg<, in >Schriften zur Politik und Gesellschaft<, S. 58

und Ausführenden, so dass sich die Gattung der Tragikomödie in seiner Charakteristik verdichtet:

„Entweder will man etwas, und dann fürchtet man eben nichts und lässt es darauf ankommen und besonders in unserer Situation; oder man lässt es bleiben. Verdammte Pfuscher und Feiglinge. Sehen nicht und fühlen nicht, und hassen schon lange nicht. Dabei muss man wollen. Man kann gar nicht anders, man muss, wenn man nicht Verrat begehen will." (>Karl und Rosa<, S. 329)

Die Tragikomödie ist Abbild für fruchtlose Appelle, glühende Reden mit nur akustischer Resonanz und das Versagen aller Beteiligten in der Praxis. Der Sektor der Komödie enthält nichts Lustiges, sondern den Hohn des Erzählers über das unentschlossene Tohuwabohu der revolutionären Akte (während derer sich die Volksmarinedivision vom Revolutionsausschuss lossagt und sich für neutral erklärt). Der Aspekt der Tragödie beinhaltet die politische Überzeugung des Autors von der historischen Notwendigkeit eines Abgangs der alten Mächte, deren Regierungsunfähigkeit zur Diktatur Adolf Hitlers und zu einem neuen Weltkrieg geführt haben; worüber sich der Exilschriftsteller völlig sicher ist. Gegenwärtige Realitätserfahrung und Rückblick auf den einzig möglichen Punkt des notwendigen Umsturzes konstituieren das zutiefst Tragische dieser erzählten Tragikomödie. Dass Döblins Denken noch in den Vierziger Jahren um die verpasste Chance eines wirklichen Neubeginns kreist, wird auch in einem seiner Radiovorträge für den Südwestfunk belegt, in welchem er des 100. Geburtstages der Revolution in der Frankfurter Paulskirche gedenkt. Seine literarisierte Tragik ist stärkstens in seiner bittern Gegenwartswahrnehmung und in seinen retrospektiven Hoffnungen verwurzelt:

„Hier kommt die Revolution von 1848 wieder zu Ehren, jetzt verstehen wir sie besser. Zum Fortschritt gehören zwei Mächte, eine sachliche, bloß anonyme und eine menschlich persönliche Macht. Man hat sich im letzten Jahrhundert zu sehr mit anonymen Mächten eingelassen. Wir haben ein zu sachliches anonymes Zeitalter erlebt. Staunend und erschüttert stehen wir nun vor dem scheinbar altmodischen Bild von 1948, mit dem gewaltigen Weib, das die Fahne der

Menschenwürde trägt. Plötzlich erkennen wir: 1848 war doch eine Revolution, die andere, die ewig andere.[47]

Die Groteske kam nach ihrer Bevorzugung durch die Literaten der Spätromantik erst wieder mit der Epoche des Expressionismus in häufigeren Gebrauch und ist besonders in den Werken von Franz Kafka und Friedrich Dürrenmatt zu einem Hauptbestandteil moderner gesellschaftskritischer Dichtung geworden. 1914 hat F. Lorenz in seinem >Buch der Grotesken< eine Definition vorgelegt, die auch auf die Werke Alfred Döblins anwendbar ist:

„Die Groteske ist wie das Leben selbst: trügerisch, unberechenbar, auf- und abfahrend, die Dinge bald fremd zusammentreibend, bald ihr Harmonisches auseinanderreißend, Schein und Sein verwechselnd, ein Viertel Wahrheit, drei Viertel Halluzination.[48]

Das Wesentliche an diesem Stilmittel, das innerhalb der kurzen Erzählformen den Rang einer Gattung erreichen kann, ist die Störung des Vertrauten und Harmonischen durch `unnatürliche´ Verbindungen und starke Übertreibungen. Diese Verzerrungen des Normalen sind in der Roman-Tetralogie >November 1918< im Bereich der psychiatrischen Phänomene anzutreffen, wo sie sich aber kraft Definition ins Bild geistig-seelischer Krankheit fügen, und in den irrealen Sektoren fiktionalen inneren Erlebens von Rosa und Friedrich, in welchen in der Berührung mit einer metaphysischen Sphäre (Rosa mit Hannes, Rosa mit dem Satan; Friedrich mit dem Satan) die grundlegende Spannweite des Daseins berührt wird (Rosa zwischen privater Sehnsucht und politischer Utopie; Friedrich und seine Lebensbilanz). Besonders in seiner formalen Potenz ausgereizt erscheint das Stilmittel der Groteske kurz vor dem Lebensende des negativen Helden Friedrich Becker, als ein gestalthaft auftretender Satan die Wette von Goethes >Faust< präsentiert und zur Verstärkung von Beckers Verführbarkeit in der Art von Wilhelm Hauffs Märchen >Das kalte Herz< eine Implantation eines Schurken-Herzens in den Brustkorb des Dialogpartners vollführt. Zum Zeitpunkt dieser Zusammenführung des Menschheitsdramas der deutschen Klassik mit

---

[47] Alfred Döblin: >Kleines Notizbuch<, in >Schriften zur Politik und Gesellschaft<, S. 449
[48] Michael Müller: >Die Groteske<, in >Formen der Literatur<, S. 143

der Experimentalfigur über gewaltlose und gewalttätige Revolution von 1918 tritt ein äußerlich und zum Großteil innerlich in der Gosse angelangter Becker auf, an dem der Erzähler seinen Disput über den Restbestand des Guten festmacht – Satan mit Becker im Anblick eines trunksüchtigen Matrosen:

„Was hat das in sich, außer seiner Gefräßigkeit und seiner Gier und Geilheit? Mache dir nichts vor. Du willst doch Realist sein. Das ist ein Tier. Dem darfst du nicht mit Seele kommen [...] Was ist seine Existenz, Friedrich, außer Fressen, Saufen, Weibern und Schlafen, und das Ganze noch einmal und wieder noch einmal? Und vom selben Kaliber seid ihr alle, auch du, lieber Friedrich, lieber Becker, in alten Zeiten Dr. Friedrich Becker, Oberleutnant, Gymnasiallehrer. Warum euch was vormachen? Aus dem Stoff seid ihr nun einmal, und aus einem Stoff kann nichts werden, was nicht in ihm steckt, und da kannst du drehen und wenden und hämmern und feilen, soviel du willst." (>Karl und Rosa<, S. 652)

Innerhalb der grotesken Konstellation in einer Hamburger Hafenkneipe, Ort für die Grundsatzdiskussion über das Vorkommen des guten Menschen und zugleich Stelle für die sang- und klanglos vorgenommene Organ-Implantation, ist bitterer Ernst in mehrfacher Funktion verborgen. Es geht um Beckers persönliches Heil. Kann ein derart heruntergekommener Landstreicher noch die ewige Seligkeit erlangen? Er kann es – trotz der Vorhaltungen des im Sterbevorgang erscheinenden Johannes Tauler – weil er sich Anteil nehmend um die Schwachen bemühte. Zudem spielt sich ein metaphysisches Ringen zwischen Gut und Böse ab, wobei der Satan jenseits der Todesgrenze keine Macht mehr hat. Die in das Jahr 1928 verlegte Szene bildet eine Allegorie über das Ausbleiben einer 10 Jahre zurückliegenden deutschen Revolution. Die Groteske anlässlich Beckers letzten drei Leidenstagen (er stirbt an der bei einem Einbruch – unter negativem Einfluss des implantierten Zweitherzens – erlittenen Schussverletzung) ist Teil einer Faust-Parodie, welche der Erzähler in das Werk übergreifende Grundproblem des Autors selbst überführt. Becker verweilt im Sinne der Wette Fausts mit dem Teufel gemäß Goethes >Faust<-Drama keineswegs wie der als übler Trunkenbold dargestellte Matrose in bloßen Triebvollzügen; sogar als Dieb, Dirnenfreund und Alkoholiker demonstriert er die Anwesenheit eines humanen Kerns in seinem eigenen Inneren und glaubt auch an die

Existenz einer Geistnatur bei den anderen Menschen. Der als Suchender und wegen seiner Solidarität mit den Bedrängten gerechtfertigte Becker ist als negativer Held eingebunden in die den Autor Döblin kennzeichnende Darstellung des unsicheren Tastens zwischen den Polen des Aktivismus und des Stillehaltens. Friedrich ging zunächst als christlicher Pazifist in die Welt und geriet dann unter die kämpfenden Aufständischen. Er hat sich sowohl in der kontemplativen als auch in der aktionistischen Methode der Gesellschaftsveränderung versucht. Letztlich hat er sich trotz seines Verfalls bewährt, aber sich auch schuldig gemacht, was aus dem Dialog des Hinscheidenden mit Johannes Tauler, der am Ende noch einmal die jesuanische Opferhaltung verkörpert, hervorgeht:

„Satan hat dich besser erkannt als du dich. Er kennt die Urschuld, die alle Menschen in sich tragen, weil er sie selber in euch gepflanzt hat. Darum fasste er dich bei deinem Hochmut und reizte dich und du bist in seine Falle gegangen [...] Was hast du dir angemaßt, wo blieb deine Sanftmut, die Demut, die Geduld, die großen Tugenden? Du hattest sie manchmal, und dann verschlang sie deine Unbändigkeit." >Karl und Rosa<, S. 657 f)

Es wäre im Blick auf den ganzen Roman jedoch falsch, die Fehler Beckers ausschließlich als eine Abkehr vom Pazifismus zu verstehen. Genauso gehört es zur ambivalenten Betrachtung der Aktionsarten des Menschen auf einer Welt, die der Regulierung durch den Menschen harrt, in der Optik Döblins, dass Beckers aktivistische Solidarität mit dem jungen Heinz und den sich wehrenden Roten den Beweis für sein unentwegtes Mühen liefert. Aus dem Hintergrund der Groteske dringt die Erschütterung des Autors über das Im-Sande-Verlaufen einer deutschen Revolution durch, was bereits durch die Typisierung eines ehedem widerstandswilligen Matrosen zum Alkoholiker angedeutet ist. In der Gestalt Friedrichs personifiziert sich am Schluss des Werkes der Deutsche an sich, der zwei Seelen in seiner Brust trägt, die humane und die barbarische. Letztere wurde ihm vom verbrecherischen politischen System eingepflanzt, das selbst wiederum eine Kompilation aus den Resten des alten Imperialismus und aus dem Deutschland Hitlers darstellt. Im Niedergang Beckers ins Asozialenmilieu allegorisieren sich das Verwässern und Vergessen der Revolution und das Hervortreten eines neuen Unrechtssystems, das gemäß der Auffassung Döblins fast nahtlos aus dem alten hervorging. Becker wird übrigens aus der Romanhandlung genommen wie Franz Biberkopf (die Vertreter der Staatsgewalt schießen ihn als ertappten Einbrecher nieder), und der schwerverletzte Kriminelle Friedrich spielt mit Suizidgedanken wie etliche Figuren Döblins aus den früheren Erzählungen. Die eigenwillige, unverkennbar durch die literarische Handschrift Döblins gefärbte Groteske demonstriert den Abstand des Autors zu den gesellschaftlichen Vorgängen am Ende der zwanziger Jahre und lässt gleichzeitig die grundlegenden Alternativen zur Vermeidung des Niedergangs erkennen. Hitler wird in der retrospektiven Hoffnung des Autors als prinzipiell aufhaltbar betrachtet (wie in Bertolt Brechts >Der aufhaltsame Aufstieg des Arturo Ui<). Die Deutschen werden weitgehend als Verführte entschuldigt, da sie aus eigenem Herzen wohl nicht derart glatt in den Niedergang geschlittert wären. Das vorherrschende Stilmittel dieses Dramas über die vergessene Revolution und die Okkupation durch den Nationalsozialismus besteht in einer anspielungsreichen politischen Groteske philosophischen Gehalts über die Handlungsmöglichkeiten und die Wertung eines exemplarischen Menschen gegenüber der Masse der Mitläufer. Das Durcheinander einer als Endzeit empfundenen Weimarer Republik und des Neubeginns einer Terrorherrschaft spiegelt sich in den wirren Vorgängen, welche die Handlung verfremden. Zugleich wird durch die Störung der Stimmigkeiten bei den Agitationen und Aussagen eine Parallele zur gesellschaftlichen Disharmonie erzeugt („Satan schlug mit dem Schwanz die Fliegen beiseite, die in Scharen um ihn summten [...] Nun warte, bis du soweit bist, Friedrich. Denn jagen tun wir euch einzeln [...] Im Ebenbilde Gottes seid ihr geschaffen, aber auch in meinem Ebenbilde [...] Was hat dir deine ganze Bekehrung geholfen?" >Karl und Rosa<, S. 659). Im Döblin-Nachlass findet sich eine Rezension des Autors zu Hermann Rauschnings 1940 erschienenem Buch >Gespräche mit Hitler<, aus der unschwer zu erkennen ist, dass Döblin das Ende der zwanziger Jahre unter dem Vorzeichen des Nationalsozialismus gesehen hat und das Psychogramm Hitlers und seiner Zeit mit den Stilmitteln des Grotesken erfassen wollte:

„Die Verbindung des krankhaften Seelenlebens mit einer üppigen Phantasie und einem sehr scharfen Verstand ist keine Neuigkeit. Hitler scheint ein Desequilibre zu sein mit reichlich hysterischen Symptomen [...] Dieses theoretisch mystische Gedankengut, Hitlers schwarze und weiße Magie, wozu die Rassenlehre und der Antisemitismus gehören, hängt offenbar aufs Engste mit Hitlers Psychopathologie zusammen. Die Seiten, in denen R. die Äußerungen über den ewigen Juden, die Arier, über den Propheten Richard Wagner vorbringt, zeigen das überzeugend [...] Es handelt sich um eine Judenbesessenheit Hitlers. Es ist eine medizinische Kategorie, aber es wird durch den Träger dieser Kategorie eine allgemein politische [...] Wir haben da Gedankengänge, die unkorrigierbar sind, starken Affektcharakter tragen und echt paranoischen sehr nahe stehen [...] `Das deutsche Volk ist berufen, die neue Herrschaft der Welt zu geben´. Dass dieses besonders wichtig und bewusst ist und aus welcher Tiefe es kommt, beweist die anschließende, fast biblische Wendung: `Wer sich zu mir bekennt, ist berufen durch das Bekenntnis´."[49]

Die Satire lebt vom Gegensatz, und als Stilmittel der Erzähl- und Dramenkunst ist sie sehr bedeutsam für einen gesellschaftskritischen und dialogal denkenden Autor, wie Alfred Döblin es ist. Immer schon im Verlauf der deutschen Literaturgeschichte seit dem 16. Jahrhundert haben dezidiert einem humanistischen Konzept verpflichtete Schriftsteller eine auf verschärfende Zuspitzung angelegte Darstellungsform bevorzugt, um die Realität mit dem dichterischen Ideal zu konfrontieren:

„Eine reiche Fülle von Satiren bringen Humanismus und Reformationsliteratur in Flugschriften, Fabeln, Dialogen, fingierten Briefen, Fastnachtsspielen oder satirischen Romanen (Fischarts >Geschichtsklitterung<) als Gestaltung des Gegensatzes zwischen Humanisten und Scholastikern, Gelehrten und Laien, Katholiken und Protestanten. Dabei erscheinen die Missstände der Zeit entweder als Ausdruck menschlicher Dummheit, die sich in der Narrenliteratur durch Selbstlob ad absurdum führt (Brant, Murner) oder als Auswirkungen des Teufels in der Teufelsliteratur (Musculus)."[50]

Der Autor Alfred Döblin gestaltet innerhalb des >November<-Romans eine in viele Teile zerlegte Komödie über den ehedem berühmten Dramatiker Erwin Stauffer, der sich während seines

---

[49] Alfred Döblin: >Zu Rauschnings Buch<, in >Schriften zur Politik und Gesellschaft<, S. 395 ff
[50] Gero v. Wilpert: >Satire<, in >Sachwörterbuch der Literatur<, S. 672

70

Zusammenseins mit seiner Geliebten Lucie, mit seiner geschiedenen Frau Klara und mit seiner Tochter Laura in lächerlichen Situationen und Diskussionen befindet. Die vom Erzähler herausgegriffenen Lebensabschnitte aus dem Dandy-Dasein eines preisgekrönten Schriftstellers ironisieren mittels Übertreibung zum Belanglosen hin die Rolle einer Literatur der zwanziger Jahre, die sich in einem unüberbrückbaren Gegensatz zur Konzeption des Autors befindet. Döblins satirische Mittel dienen nicht der bloßen Verdeutlichung eines Kontrastes zwischen unpolitischer und prorevolutionärer Literatur, in den sich der Autor offensichtlich persönlich und emotional eingebunden fühlt, sondern der Brandmarkung eines Versagens von lebenden literarischen Denkmälern, welche die Chance der Revolution von 1918 ungenutzt verstreichen ließen, ja nicht einmal die Möglichkeit einer Weichenstellung bemerkten, wie sie dem Autor während seiner Exiljahre in der Rückschau besonders klar bewusst wurde. Döblins Kontrastposition liegt ihrerseits innerhalb eines literarischen Bildes, so dass für sein Verständnis von Satire der Satz Helmut Arntzens gilt: „Sie will Utopie [...] Intention ist die Destruktion [...] Kunstleistung ist die Konstruktion."[51] Der Erzähler personifiziert sein Überlegenheitsgefühl gegenüber unpolitischer Dichtung in der Negativfigur eines selbstgefälligen Universaltalents, welches vom Ruhm vergangener Jahre zehrt und sich vorrangig dem privaten Wohlleben widmet:

„Der Dramatiker Stauffer, ein älterer freundlicher Herr, klein, mit einem weichen dunklen Schnurrbart [...] Er schrieb Novellen und sehr geschätzte Theaterstücke, meist mittelalterliche Stoffe, auch allegorische, fein ziselierte Reimwerke." (>Bürger und Soldaten<, S. 300)

Stauffer befindet sich im Revolutionsjahr in einer Persönlichkeits- und Schaffenskrise („Ich tauge nichts mehr. Meine Stücke spielt man noch, aber nicht in Berlin. Sie klingen nicht mehr. Ich habe es lange gemerkt." >Verratenes Volk<, S. 207). Er reflektiert über ein zwanzig Jahre zurückliegendes Theaterstück mit dem Titel >Wenn der erste Schnee fällt< [wohl ein ironisch von Alfred Döblin gesetzter Gegentitel zu Frank Wedekinds >Frühlings Erwachen<], in welchem die Hauptfigur Lucie heißt, genauso wie seine jetzige Geliebte.

---

[51] Helmut Arntzen: >Literatur im Zeitalter der Information<, Frankfurt 1971, S. 161

Wirtschaftlich geht es dem Dramatiker gut: „Die Fassade von Stauffers Haus ist vornehm und strahlt Frieden, Wohlstand und Sicherheit, wie die meisten Häuser in dieser Gegend." (>Verratenes Volk<, S. 238) Der Dichter kann 1918 im Schweizer Locarno durch Vermittlung einer Gräfin die ersehnte Verbindung zu seiner ehemaligen Geliebten wiederherstellen. Dort ist er Zuschauer der Aufführung eines Bühnenstücks >Der widerlegte Achilles<, das ein junger Schweizer verfasst hat. Der verzückte alte Literat träumt im Gästebett zufrieden („Noch als Stauffer im Gastzimmer schlief und auf prächtigen Wolken dem Sonnenaufgang entgegenfuhr [...]" >Heimkehr der Fronttruppen<, S. 54), und die inzwischen 38-jährige Lucie ist im Zweifel, ob es sich jetzt noch lohne, das Werben ihres früheren Idols zu erhören („Dieser Tag gehört mir. Er ist meine `Erdenfahrt´, nachdem ich so lange `Himmelfahrt´ gespielt habe." >Heimkehr der Fronttruppen<, S. 54). Schließlich kommt es zur Liaison zwischen den beiden neu Verliebten, wobei die inzwischen realistischer gewordene Ex-Schauspielerin Lucie – sie war Jahre in Amerika und dort verheiratet, inzwischen geschieden – durchaus Kritik an Erwin übt:

„Du warst wie viele andere in Deutschland. Ihr habt euch zu Hehlern und Verbrechern gemacht. Wie, warum? Aus Trägheit, mit einem halben Wissen, mit einem halben Billigen. Wenn es euch nur nicht an den Kragen ging." (>Heimkehr der Fronttruppen<, S. 162)

Gelegentlich wird durch den Erzähler – wie schon während der Phase der Wiederentdeckung der Braut – eine andere Erzählebene aufgesucht, um allzu direktes, mitvollziehendes Lesen zu verhindern:

„Sie wohnen am Potsdamer Platz. Lucie und Erwin, nach zwanzigjähriger Abwesenheit aus dem Schattenreich zurückgekehrt. Sie sind sozusagen nur Traum und Sehnsucht gewesen und wollen nun zum Dasein gelangen. Der Traum und die Sehnsucht sind nun wirklich in die Leiber des Dramatikers Stauffer und einer amerikanischen Dame übergesiedelt, und sie fühlen sich da wohl [...] Sie sitzen jetzt still im Zuschauerraum, und oben spielt man August Strindberg, den Lieblingsautor dieser Tage [...] Sie kommen beide nicht mit und sind darüber nicht unglücklich." (>Karl und Rosa<, S. 355)

Der Erzähler begibt sich andererseits auch auf eine betont niedrige Ebene, wodurch der bisher vorherrschende komödienhafte Erzählduktus in die Burleske hinübergezogen wird: „Währenddessen bereitete der Rohling sein Attentat vor. Dass sie rückhaltlos mit ihrem Gesäß sein empfindliches linkes Knie belastete, empörte ihn; plötzlich zog er das linke Bein weg und hielt sie noch gerade an den Armen fest. Er ließ sie glatt in den Abgrund plumpsen [...] Sie goss sich ein und trank. Sie rauchte. Den Katzenhunden fehlte jede Munterkeit. Sie mussten krank sein. In beginnendem Wohlbehagen goss Lucie Whisky in ihre Milchschale." (>Karl und Rosa<, S. 367 u. 373) Zum Stilmittel des Ordinären gibt der Erzähler Assoziationen über den Liebestrank von Tristan und Isolde aus Richard Wagners Oper hinzu, Lucie entpuppt sich als Stauffers Tochter Laura – die ihrerseits amerikanische Schauspielerin wird -, Lucie verlässt Europa („Diesen Erdteil, der aus wahren Ideen Illusionen und aus der Erbärmlichkeit Realität macht." >Karl und Rosa<, S. 610) und kommt beim Schiffsuntergang ums Leben. Ödipusproblem und Tod erweisen sich als Parallelmotive zu Stauffers literarischem Schaffen, der sich in Einsamkeit und Selbstmitleid befangen – erkennend, dass er nichts mehr zu sagen hat und nichts an andere Literaten weitergeben kann – aus dem öffentlichen Leben zurückzieht:

„Er schrieb keine Stücke mehr. Er fragte sich, wozu? Die Leute kommen auch ohne meine Stücke aus [...] Er lebte, mit dem Weckruf im Herzen, entschlossen in dem von allen Parteien verhöhnten `elfenbeinernen Turm`[...] Er widerstand allen Verlockungen. Er zeigte sich nie an der Öffentlichkeit [...] Und sie könnten auch nichts tun. Nein, niemand von den Lebenden könnte es." (>Karl und Rosa<, S. 606 u. 611).

Sein privater Trost – eine Liebesbeziehung zu einer Dresdener Schauspielerin und weitere Damenbekanntschaften – vermögen ihm keinen Halt zu geben. Die Satire des Textes verschärft sich innerhalb der vier Teile der Roman-Tetralogie zur tragischen Groteske, die eine einzelne Figur denaturiert und zugleich die Epochen von Neuromantik und Neuer Sachlichkeit der Unfruchtbarkeit zeiht. In den Stauffer-Szenen gibt sich eine vehemente politische und literarische Tendenz des Autors kund, der Opportunismus und Wegschauen geißelt. Die Basis von Döblins innerer Poetik, die hier zutage tritt, besteht in der

Forderung, die Ansätze der naturalistischen Epoche angesichts der Chance einer Revolution aufzugreifen. Da der Autor von der These einer allgemeinen Politikunfähigkeit ausgeht, überwiegt die politisch-moralische Anklage, welche er satirisch in die Motive der Verwahrlosung, der Liederlichkeit und des resignativen In-Frage-Stellens verpackt. In das Versagen der Deutschen bezieht er sich selbst als real im Jahre 1919 nur beobachtend Handelnder ein, indem er eigene Mitschuld anspricht, so erstaunlich freimütig im >Journal< des Jahres 1953:

„Ich bin damals, so etwa um 1923, als in Berlin in der Golfnowstraße es zu Judenpogromen kam und der Gedanke des Zionismus stärkere Bedeutung gewann, ich bin damals so wenig wie jetzt, wie Ricarda Huch vermutete, nach Palästina gegangen, aber die Klagemauer fand ich auch hier. Ich kann, wenn ich dieses großmächtige Bücherregal mit seinen hunderten Büchern betrachte und vor ihm stehe, täglich und stündlich beten, und habe alle Weisheit der letzten Jahrhunderte schwarz auf weiß vor mir und kann mir hier an die Brust schlagen und mir einen Gebetsmantel über die Stirn ziehen und die alten Psalme weinen."[52]

Der Name `Stauffer´ entpuppt sich als ein Mehrfach-Symbol. In dieser der Lächerlichkeit preisgegebenen Figur sind all jene Berühmtheiten der Zeit enthalten, die Döblin des Eskapismus verdächtigt. So deuten die Schweiz und die Gräfin (Reventlow) etwa auf Stefan George; die Auslandsreisen Stauffers, die Aufenthalte auf italienischen und Schweizer Schlössern und der Name Klara (Westhoff) vermutlich auf Rainer Maria Rilke hin. Der Begriff `Stauffer´ stellt an sich bereits eine Polemik gegen die letzten deutschen Hohenzollern-Kaiser dar (s. Errichtung des Denkmals am Kyffhäuser für den Staufer-Kaiser Barbarossa), die für Döblin (besonders Wilhelm II.) die verhängnisvollen Formen von Nationalismus und Imperialismus verkörpern, die aus seiner Sicht wegen der gescheiterten Revolution über den schlichten Friedrich Ebert ihre Fortsetzung in der Hitler-Diktatur gefunden haben. Die zentrale Stoßrichtung der Satire zielt jedoch nicht auf `Stauffer´ als Metonymie für den politikscheuen Impressionismus, sondern erkennbar auf den literarischen Heros des deutschen Naturalismus, Gerhart Hauptmann, der es im Urteil des

---

[52] Alfred Döblin: >Journal 1952/53<, in >Autobiographische Schriften<, S. 518

Erzählers versäumt hat, an früher klar Erkanntes anzuknüpfen. Die Revolution des Jahrs 1919 hätte aus den Klagen der Dramatik Hauptmanns im letzten Jahrzehnt des 19. Jahrhunderts politische Wirklichkeit in Form einer Änderung des Milieus machen sollen. Der Dramatiker Stauffer habe das Ethos einer Revolution verraten, die an den Ursachen der Probleme, mit denen sich Hauptmanns soziales Drama befasst hatte, wirklich etwas ändern wollte. Daher enthält die derart satirisch gezeichnete Figur einer Persönlichkeit, die eine von Döblin anerkannte Epoche repräsentiert, etliche Hinweise einer Entschlüsselung, aus der sich Hauptmann als Versäumer, Verschweiger und stiller Anpasser ergibt. Anspielungen auf Hauptmann finden sich in den Worten Lucies bei der Wiederauffindung durch den Dichter in Form von Werktiteln wie >Vor Sonnenaufgang< und >Hanneles Himmelfahrt<, in der Erwähnung seiner Häuser im Berliner Vorort Erkner und im Dresdner Umland, in seinem Faible für die Überwinterung in Italien, im Hinweis aus seine Amerikareise, in der abfälligen Andeutung seiner historischen Dramen, in der ironischen Assoziierung seiner Atriden-Thematik, der Thematisierung seiner Ehen im >Buch der Leidenschaft< und überhaupt in der gesamten Erzähltendenz der Trinker- (s.a. mhd. „stauff"), Beziehungs- und Selbstreflexionssatire um ein `Denkmal´ der Dramengeschichte. Döblins Satire dient im Wesentlichen einer dezidiert aggressiven Entmythologisierung eines literarischen Heros, der auch aus der Sicht Thomas Manns (den Döblin ebenfalls hart attackiert hat) dem Dritten Reich keinen Widerstand geboten hat und der sich sogar, wenn es der Ehrung der eigenen Person dienlich war, als Aushängeschild missbrauchen ließ. Die innere Distanz zum NS-Staat, die Gerhart Hauptmann in seinen Werken zur Zeit des Zweiten Weltkrieges erkennen ließ, hat Döblin nicht zur Kenntnis genommen. Er agiert gegen Hauptmann aus der Enttäuschung heraus, dass dieser namhafte Repräsentant vormalig deutscher Kultur und Sachwalter sozialkritischer Themen jeglichen Konflikt vermied und `auf Tauchstation´ ging. Während Döblin zum Spätwerk nur sehr allegorische Angaben macht, die sich in der Hauptsache vom Hintergrund der Konversion zum Christentum her mit der Grundkonzeption der Protagonisten beschäftigen, findet sich aus seinen konkreteren ästhetischen Äußerungen der zwanziger Jahre manches brauchbares Interpretament, wie der 1922 erschienene

Artikel >Starke Schauspieler, dünne Stücke< für das >Prager Tagblatt<:

„Hauptmann hat seine Byzantiner. Es ist eben Paul Schlenthers >Gerhart Hauptmann, Leben und Werk< in einer erweiterten Neuausgabe von Arthur Eloesser erschienen. Man muss dieses Buch gelesen haben, um zu wissen, wie fremd deutsche Literaten dem Leben sein können, das sie vorgeben zu schildern, und wie tief der Servilismus ihnen in den Knochen steckt. Von dem erweiterten Neuherausgeber habe ich selbst das Wort gehört: fünfundachtzig Prozent der lebenden deutschen Literatur sind Gerhart Hauptmann. Man muss, um diese Ahnungslosigkeit zu beurteilen, wissen, dass Gerhart Hauptmann zwar lebt und noch schreibt, aber seit langem ohne den geringsten Einfluss auf die lebende Dichtung ist. Ja aus ihr, wie überhaupt aus dem ablaufenden Leben, keine Anregungen und Bewegungen bezieht. Seine Verbindung mit dieser Epoche ist sehr äußerlich. Es wäre ganz verkehrt, aus dieser zugegebenen Unverbundenheit Hauptmanns eine Stellung zu postulieren ähnlich der Goethes, der einsam und abseits blühte und in der Tat höher und höher wuchs und eigentlich nur zufällig in diesen Jahren, an diesem deutschen Ort `lebte´. „[53]

Diese Entheroisierung des Dichterfürsten des naturalistischen Dramas steht in krassem Gegensatz zu der aus ideologischen und künstlerischen Motiven gespeisten Würdigung durch den Arbeiterdichter und Literaturkritiker Franz Mehring, der Hauptmann gerade wegen dessen Engagements für die Notleidenden in seinem sozialen Drama >Die Weber< seine Reverenz erweist:

„Die >Weber< von Gerhart Hauptmann sind die einzige Bühnendichtung der Gegenwart, die auf der vollen Höhe des modernen Lebens steht und für das Ende den neunzehnten Jahrhunderts eine ähnliche Bedeutung in der deutschen Literatur beanspruchen kann wie Schillers >Räuber< für das Ende des achtzehnten Jahrhunderts."[54]

Aber für Döblin zählen eben nicht dauerhaft die vergangenen Leistungen, sein Maßstab in den zwanziger und vierziger Jahren bezieht sich auf den vorhandenen oder unterlassenen Einsatz für die Anliegen der Revolution von 1918. Von dieser Warte her muss auch die satirische Zerlegung von Stauffers Geliebter Julie betrachtet

---

[53] Alfred Döblin: >Starke Schauspieler, dünne Stücke<, in >Die Zeitlupe<, S. 51
[54] Helmut Hoffacker: >Naturalismus<, in >Deutsche Literaturgeschichte<, S. 312

werden. Ihr Name bedeutet `Licht- und Gabenbringerin´, und in den skandinavischen Ländern wird unter diesem Namen der `Mitwintertag´ gefeiert. Für die politische Symbolhaftigkeit der in der vordergründigen Liebeskomödie meist in schwarz-rotem Habitus auftretenden Figur sprechen ihre kritische Kommentierung von Stauffers Opportunismus, die Vertretung der amerikanischen Freiheitsidee und ihre Verwandlung zur Tochter des Dramatikers. Lucie entpuppt sich auf der Ebene der Inneren Poetik dieses angeblichen Dramas um die Zweitehe des seiner Identität verlustig gegangenen literarisierten Dichters als Metonymie für Demokratie und Gerechtigkeit. Die Figur geht vor Europa zugrunde, sowie auch die Lehren des amerikanischen Präsidenten Wilson, der wichtigen positiven Figur in der Roman-Tetralogie, im zerstrittenen und traditionsverhafteten Europa nicht auf fruchtbaren Boden gefallen waren. Die Stauffer-Lucie-Satire ist allegorisches Zentrum einer ganz realen Anklage sowohl durch den Erzähler als auch durch den Autor. In der größeren Struktur dieses Dramen-Romans stellt sie ein weiteres Bild für einen schuldhaft verpassten organisatorischen und humanitären Neuanfang dar, den eigentlich das soziale Drama des Naturalismus schon initiiert hatte. Auch das Alkoholismus-Motiv belegt den Bezug zum naturalistischen Milieu-Drama und zu Hauptmanns >Vor Sonnenaufgang<.

Eine genauere Analyse der Formenvielfalt von Döblins >November<-Roman hat bisher nicht stattgefunden. Wohl besteht aber seit Wolfgang Veits Dissertation >Erzählende und erzählte Welt im Werk Alfred Döblins< eine rezeptionsästhetische Aufgeschlossenheit für das überaus variable Erzählerverhalten in Döblins Romanen: „Immer aber erscheint diese episch rotierende Bewegung schon umgriffen von einem auktorial omnipotenten Bewusstsein, einem erzählerisch mediativen Ich, das sich – offen oder latent – in die Ekstasen und Dimensionen der epischen Welt begibt, figurale Masken anlegt, sich in Gestalten und Funktionsträgern ästhetisch inkarniert und wieder von der epischen Zeitlichkeit, den Begriffsabfolgen und Verhaltensweisen abrückt."[55] Näher an die Intentionen des Autors kommt Helmut Maders Untersuchung zur >Sozialismus- und Revolutionsthematik< heran, weil er das politische Segment des >November<-Romans in den Mittelpunkt stellt und seine

---

[55] Wolfgang Veit: >Erzählende und erzählte Welt im Werk Alfred Döblins<, S. 55

Beobachtungen auf die verschiedenen Hauptpersonen ausrichtet: „Zwar wird die Revolution (im Sinne eines praktischen, marxistisch fundierten Sozialismus) letzten Endes abgelehnt, als politischer Anspruch, der bis in die innerste Krise eines einzelnen hineinwirkt, ist sie dennoch im ganzen Romanwerk nachweislich gegenwärtig [...] Wenn Ebert als Exponent negativer Politik zu gelten hat, so sind Rosa Luxemburg und Karl Liebknecht im menschlichen Bereich realiter und im politischen Bereich (obwohl ihre Fehler, ihr Zaudern, und ihre Unentschlossenheit durchaus kritisiert werden) zumindest potentiell die zukunftweisenden Gestalten."[56] Mader klammert allerdings die Beschreibung und Deutung der ihm nicht genehm erscheinenden Stilmittel literarhistorischer und mythologischer Art aus, die eigentlich einem Döblin-Roman ihr unverwechselbares Gepräge verleihen. Otto Keller verfolgt in seiner Arbeit >Döblins Montageroman als Epos der Moderne< die Gesamtzusammenhänge einiger Werke und kommt zu dem Ergebnis, dass die veränderliche Optik des jeweiligen Erzählers sogar mit funktional zu betrachtenden Romanfiguren mit jeweils fließender Substanz zu tun habe: „Döblin löst das einzelne Motiv aus dem Gefälle 'Erscheinung – Wesen' heraus [...] Brecht und Döblin gehen von einem festen Charakter und von einem im voraus konstituierten Sinngefüge ab, zu einer neuen montageartigen Gestaltung, wo der feste Charakter als Axiom preisgegeben ist."[57] Doch auch diese Arbeit vernachlässigt eine Fülle von genormten, literarisch tradierten Strukturen in Döblins Romanen, welche Teilbestand größerer „Motivnetze" geworden sind. Dass die ungewöhnlichen Stilmittel Döblins mit ethischer Problematik und mit der Frage nach Etablierung von Gerechtigkeit in einer durch den Ersten Weltkrieg erschütterten Gesellschaft zu tun haben, spricht Wolfgang Frühwald klar an, weil er von einem für Döblins Texte typischen Grundverständnis von „eingreifender", d.h. tendenzhafter und verändern wollender Literatur ausgeht: „In figurativer Darstellung, die den Menschen als Kampfplatz zwischen Gut und Böse versteht, verdeutlicht Alfred Döblin die moderne und aktuelle Wiederholung des mythischen Engelkampfes an der Auseinandersetzung zwischen der darwinistischen Selektionstheorie und Peter Kropotkins naturgesetzlicher Begründung der Solidarität."[58]

---

[56] Helmut Mader: >Sozialismus- und Revolutionsthematik<, S. 291 u. 76
[57] Otto Keller: >Döblins Montageroman als Epos der Moderne<, S. 10 f
[58] Wolfgang Frühwald: >Rosa und der Satan<, in >Jahrbuch für Internationale Germanistik<, Bd.14, S.240

Frühwald bezieht auch die eigentümliche Symbiose Döblinscher Texte zwischen Religion und politischer Ethik in seine Analyse ein, indem er auf den praxisfernen und idealistischen Revolutionsbegriff des Autors Bezug nimmt und damit zur Klärung der den meisten Interpreten verborgen bleibenden Erscheinungen von Rosa und Friedrich beiträgt: „Döblin hat sich offensichtlich, bei aller Kritik an der Handlungsunfähigkeit der USPD-Funktionäre in den Tagen der Revolution, die Zuneigung zu der religiösen Basis des in der USPD gepflegten Sozialismus und des intellektuellen Anarchismus Landauerscher Prägung bewahrt."[59] Im Rahmen der Döblin-Colloquien hat sich auch Heinz Dieter Osterle über das Antigone-Motiv geäußert und – ohne diesen Begriff explizit zu gebrauchen – die Gewissensethik Beckers ins Spiel gebracht: „Genau wie diese Antigone, `völlig aus dem Gefühl heraus´, wird sich Becker später selbst verhalten, als er nach langer, selbstquälerischer Gewissensforschung plötzlich handelt, um zuerst dem verfolgten Direktor, dann dessen jungem Freund und zuletzt sogar den Spartakisten beizustehen."[60] Zum Ertrag der Döblin-Colloquien 1980-1983 gehört auch die wichtige Beobachtung Erich Kleinschmidts hinsichtlich der gattungsübergreifenden Literaturkonzeption in >November 1918< unter dem Thema >Der Roman – eine `neue Bühne´ - Zur Poetik des dramatischen Romans bei Alfred Döblin<: „Eher verdeckt als offen treffen sich Drama und Epos bei Döblin innovativ dort, wo sie sich schon am Anfang der abendländischen Literatur gekreuzt hatten: im Mythos, der eben nicht nur beliebiges Stoffgebiet, sondern die Erfassung von `Elementarsituationen des menschlichen Daseins´ ist. Das Epische wie das Dramatische umfasst die Totalität des Lebens, `bewegt Himmel, Erde und Hölle´ und versucht so die Destruktion der Literatur [...] zu überwinden."[61] Freilich sind es nicht nur die in der neueren Forschung viel beachteten Mythen, denen das Augenmerk des Interpreten bei Döblin-Besprechungen zu gelten hat, sondern die Vielzahl von Stilmitteln ist es, die in einem eminent durchdachten Gefüge all die dramatischen Personen- und Gesprächskonstellationen entstehen lassen, aus denen dann sogar isolierbare Dramenabschnitte im Großroman erkennbar werden. Andererseits bestätigen solche Beobachtungen die Ergebnisse

---

[59] ebenda, S. 244 f
[60] Heinz D. Osterle: >Auf den Spuren der Antigone<, ebenda S. 93
[61] Erich Kleinschmidt: >Der Roman - eine `neue Bühne´<, ebenda S. 310

früherer Dissertationen speziell zum Frühwerk Döblins, in denen auf die vorherrschenden Ambivalenzen und polaren Konflikte hingewiesen wurde. Auch Hannelore Quals 1992 erschienene Dissertation zum Thema >Natur und Utopie< belegt den weit reichenden Gegensatz, hier speziell die Polarität von Optimismus und Pessimismus, als ein entscheidendes Konstitutiv für Döblins Werke. Die inhaltlichen Ergebnisse dieser Untersuchung vermögen durchaus eine Brücke zu den in dieser Untersuchung als Funktion verschiedener Formelemente konstatierten Zielsetzungen des Autors zu bilden: „Indem Hierarchie und Herrschaft nicht als Abbild einer natürlichen Ordnung anerkannt werden, beinhaltet seine Konzeption nicht nur die Veränderbarkeit sozialer und politischer Strukturen, sondern auch das Recht des Menschen auf Widerstand gegen autoritäre Institutionen. Damit zielen Döblins gesellschafts-theoretische Entwürfe im Gegensatz zu pessimistischen Ideologien nicht auf eine Fixierung des sozialen und politischen Status quo und eine Apologie hierarchisch-herrschaftlicher Machtmechanismen, sondern auf eine Umstrukturierung der sozialen und politischen Zustände in Richtung auf ein libertäres und paritätisches Sozialgefüge."[62] Das Missverständnis Winfried Georg Sebalds, Döblin stelle deshalb Schreckliches dar, weil er im Innersten davon positiv angetan sei, ist in der Forschung überwunden, so dass von einem Nebeneinander und Ineinander der Anprangerung des Negativen und der Utopie einer humanen Welt in Döblins Werken ausgegangen werden kann. Die Darlegung der Vielfalt der für dieses zweifache Vorhaben benötigten Erzählmittel lässt hinsichtlich einer genauen Konkretisierung zu wünschen übrig. Den Schlüssel dafür, Döblin nicht oberflächlich als Abbildner einer chaotischen Außen- und Innenwelt zu begreifen, stellt ein gewandtes Reagieren des Interpreten auf die Variierung der Erzählerposition dar, aus der sich dann die Funktionen der Fülle von Stilmitteln, die in sich einem systematisch geordneten Gefüge befinden, ergeben. Helmuth Kiesel macht in seiner Habilitationsschrift >Literarische Trauerarbeit< auf diese Eigenart des Autors aufmerksam: „Der Begriff `Dichter-Erzähler´ soll nicht nur auf die von Käte Hamburger wie von Döblin betonte Fiktionalität des Erzählten hinweisen; er soll zugleich der von Döblin im >November<-Roman äußerst geschickt und bedeutungsvoll inszenierten

---

[62] Hannelore Qual: >Natur und Utopie<, S. 112

`Zwiefältigkeit´ des manchmal nur erzählenden, manchmal auch räsonierenden, bisweilen allwissenden, bisweilen ratlosen Dichter-Erzählers gerecht werden."[63] Im Detail unterläuft Kiesel dann doch ein Missverständnis bezüglich der Verwendung von Bibelmotiven in diesem modernen Dramen-Roman, das aus einem zu wenig reflektierten Verständnis von Thomas Mann >Dr. Faustus< als aufgeklärt-modern und Döblins >November 1918< als traditionell-modern erwächst: „Aber gegen Döblins Vorstellungen vom satanisch erscheinenden Bösen sprachen die entmythologisierende Theologie und der im Hinblick auf Teufelserscheinungen nachgerade zum kanonischen Text erhobene >Dr. Faustus<, der – dank seiner alle Eindeutigkeit und Fixierbarkeit konsequent vermeidenden Erzählweise – vom `stillen´ deutschen `Satanismus´ reden, den Teufel als den `hintergründigen Helden´ des Romans `gestaltlos anwesend´ zeigen und zum nahezu unergründlichen, dem `aufgeklärten´ Bewusstsein der Moderne aber nicht a priori fremden Problem machen konnte."[64] Selbst Kiesel setzt – sicherer agierend im Bereich der Psychologie, vorsichtig tastend auf theologischem Gebiet – Stilmittel absolut und dringt damit von der erzählten Figuration noch wenig zur Autorintention vor.

Döblins >November 1918< enthält sowohl die Errungenschaften des modernen Dramas als auch die Neuerungen moderner Romanpoetologie. Das Konglomerat von Stilmitteln aus beiden Gattungen findet seine Erklärung sicherlich auch in Döblins bekannter Lust am Fabulieren und Experimentieren, doch primär im eminent ausgeprägten Interesse des Autors an Politik, die er als Aufgabe versteht, Missstände und Fehlverhalten anzuprangern und zugleich Möglichkeiten der Verbesserung der Verhältnisse und des Menschen aufzuzeigen. Der literarhistorische Vergleich führt also zu solchen gesellschaftskritischen Autoren, die an Staatsallmacht Kritik üben und Herrschaft nach linksbürgerlichem oder gar `edelmarxistischem´ Muster demokratisieren möchten. Schon diese Hauptabsicht hat anscheinend den Willen begünstigt, die Überlieferungen der Tradition in formaler Hinsicht zu brechen und Neues zu wagen. Das Unternehmen, vehement wahrgenommene Gesellschaftsanalyse und alle poetologischen Materialien der Literaturgeschichte zu verbinden,

---

[63] Helmuth Kiesel: >Literarische Trauerarbeit<, S. 291
[64] ebenda, S. 462

charakterisiert Alfred Döblins späte Romane. Außerdem greift der Autor tief in die geistig-fachlichen Bestände so genannter Humanwissenschaften ein und assimiliert diese sowohl seinen Inhalten als sogar den formalen Intentionen. Von Döblins Einstellung zur expressionistischen Zeitgenossenschaft und vom Idealismus für Gewaltfreiheit her gesehen, ergeben sich durchaus Parallelen zum Schaffen des vorher erwähnten Ernst Toller, der sich unter dem Titel >Arbeiten< für das politische Tendenzdrama ausgesprochen und die Größen der Weltliteratur – auch hierin Döblin verwandt – für sein humanistisches Anliegen reklamiert hat:

„Von meinen Stücken hat man oft gesagt, sie seien nicht tendenzlos, nicht überparteilich. Was nennt der bürgerliche Kritiker tendenzlos, überparteilich? Jenes Gesamt von Betrachtungsarten und Erkenntnissen, in dessen traditionellen Geleisen er kutschiert, und die in Wahrheit die geistige Legitimierung des bürgerlichen Herrschaftsverhältnisses bedeuten. Gerade dieses Herrschaftsverhältnis will revolutionäre Kunst erschüttern. Was das werktätige Volk braucht, ist ein Theater, das im innigsten Kontakt zu unserer Zeit steht. Nie war große Kunst zeitlos. Ob wir Sophokles, Aristophanes, Dante, Shakespeare, Kleist, Büchner, Schiller betrachten, es waren `aktuelle´ Probleme, denen jene Dichter künstlerisch `ewige´ Deutung zu geben versuchten, sie waren Sprachrohr der aus der Zeit wirkenden Idee, der in der Zeit kämpfenden Gemeinschaft. Viele ihrer Werke haben die gleiche Kritik erfahren, die heute Gegenwartsstücke zu zerfetzen sucht."[65]

Es lässt sich sicher auch ein Bezug zur vom Vitalismus Nietzsches beeinflussten, tabulosen Antibürgerlichkeit eines Hans Henny Jahnn herstellen: „Noch radikaler als Döblin, selbst mit Hilfe von Musiknoten, holte er Ungesagtes mit Betonung des Triebhaft-Erotischen aus dem Tiefen- und Unterbewusstsein herauf. Mystik und Sexualität, Psychoanalyse und die Anatomie des Satanischen beherrschen seine zahlreichen Dramen."[66] Und mit Einschränkungen ist ein Vergleich mit Robert Musils >Mann ohne Eigenschaften< möglich, wenn man Friedrich Becker als Reagens auf eine in Frage gestellte Zeit herausgreift: „Der Ironiker Musil hat in den Mittelpunkt seiner Bilanz der sterbenden Epoche die Figur des skeptischen Intellektuellen Ulrich gestellt, des `Mannes ohne Eigenschaften´ d.h. eines Mannes ohne

---

[65] Ernst Toller: >Arbeiten<, in >Zwei Stücke der Revolution<, o.S.
[66] Fritz Martini: >Deutsche Literaturgeschichte<, S. 569

eigentliche Festlegung, eines scharfsinnigen Analytikers, dessen kritisches Bewusstsein jedwede Erscheinung von verschiedenen Standpunkten aus zerpflückt und dabei von ständigem Zweifel in der Wirkungskraft der Gedanken wie auch der Tatsächlichkeit alles Wirklichen ergriffen ist."[67] Obwohl Friedrich Dürrenmatts Tragikomödie >Die Physiker< erst 1962 uraufgeführt wurde, lässt sich bezüglich Gattung und Weltwahrnehmung eine Beziehung zu >November 1918< herstellen. Auch in diesem Bühnenstück geht es um Verantwortung eines Wissenden gegenüber den politischen Machtblöcken, und es findet sich im Anhang des Werkes sogar eine thesenhafte Weisheit zur (an sich unwahrscheinlichen) Rettung der Menschheit: „Was alle angeht, können nur alle lösen [...] Im Paradoxen erscheint die Wirklichkeit."[68] Und schließlich besteht sogar eine Verwandtschaft von Döblins >November<-Roman mit einer originellen Bearbeitung des Themas der Französischen Revolution durch Peter Weiss, der sein zweiaktiges episches Drama mit dem Titel bedacht hat: >Die Verfolgung und Ermordung Jean Paul Marats dargestellt durch die Schauspielgruppe des Hospizes zu Charenton unter Anleitung des Herrn de Sade<. Es geht um den Ausdruck der Ablehnung des alten Regimes, weil dieses die Reichen und Mächtigen begünstigt hat, und um die Forderung nach sozialer Gerechtigkeit. Der schon von Anfang an sterbenskranke und bereits ermordete Titelheld – er ist in seiner Irrealität und seinem Leiden Döblins Hauptfigur Friedrich Becker konzeptionell ähnlich – ruft am Ende sein Ethos und seine Hoffnung in den Zuschauerraum:

> *„Was sich mir zeigte war eine einzige Welt*
> *und diese war regiert vom Geld*
> *und die es besaßen waren nur wenige [...]*
> *Als Leiche bin ich wenig wert*
> *doch es bleibt bestehn was ich gelehrt*
> *so dass andere die nach mir kommen*
> *weiterführen was ich begonnen*
> *bis einmal wird im gleichen Maß ein Hüter*
> *sein wird aller gemeinsamen Güter."[69]*

---

[67] Viktor Zmegac: >Geschichte der deutschen Literatur<, S. 339
[68] Friedrich Dürrenmatt: >Die Physiker<, Zürich 1962, S. 79
[69] Peter Weiss: >Die Verfolgung und Ermordung Jean Paul Marats [...]<, S. 131 f

2 Drama über Leidursachen und Leidvermeidung im Familienroman >Hamlet<

2.1 Expressionistischer Generationenkonflikt gemäß Walter Hasenclever

Nicht nur hinsichtlich der Verarbeitung des Antigone-Stoffes besteht eine geistige und künstlerische Verwandtschaft zwischen Walter Hasenclever und Alfred Döblin. Dem Protest gegen staatliche Allmacht ging bei Hasenclever 1914 die Beschäftigung mit dem Motiv des Generationenkonfliktes voraus, in welchem sich die Auflehnung der Jugend gegen die Bevormundung der autoritär erziehenden Eltern zeitigte. Hasenclevers am 30.9.1916 am Deutschen Landestheater Prag uraufgeführtes 5-Akte-Drama >Der Sohn< wurde bald als symptomatisch für die Forderungen der Epoche nach neuen ideellen Inhalten und nach einer unverbrauchten Sprachgestaltung angesehen:

„Die Stileigenheiten gerade dieses Stückes (lyrische Prosa, ekstatische Verse, allegorische Typisierung, Wechsel `realistischer´ und visionärer Szenen) regten die Ausarbeitung neuer Regielösungen im zeitgenössischen Theater an."[70]

Das mit dem Motiv der Wandlung zusammenhängende Modell von der Durchsetzung einer befreienden Utopie wurde von Döblin in beiden hier zu untersuchenden Alterswerken aufgegriffen, weil sich Passion und Heilsweg des Helden des 1945 noch in Kalifornien konzipierten >Hamlet<-Romans mit der Auffassung aktivistisch denkender Expressionisten decken. Deshalb stellt Horst Denkler Verbindungen zwischen den Autoren eines eingreifenden, politischen Dramas her, die für Döblin paradigmenhafte Kunstwerke geschaffen haben:

„Gemessen an der außerästhetischen-programmatischen Intention markiert Reinhard Sorges Wandlungsdrama >Der Bettler< die ideologische Gegenposition zu den Stücken >Der Sohn< von Walter Hasenclever und die >Wandlung< von Ernst Toller, die einem ästhetisch-anthropozentrischen bzw. einem menschheits-revolutionären Aktivismus verbunden sind."[71]

---

[70] Viktor Zmegac: >Geschichte der Deutschen Literatur<, S. 297
[71] Horst Denkler: >Drama des Expressionismus<, S. 186

Die gemeinsame Zielgerichtetheit von expressionistischer Dramatik und modernem Familienroman hat es für den experimentierfreudigen Autor Döblin ermöglicht, den innerfamiliären Generationenkonflikt zum dramatischen Schauplatz für eine existenziell-philosophische Auseinandersetzung für die rechte Einstellung einer wandlungsbereiten Jugend zur bisher prägenden und Werte setzenden Außenwelt zu machen:

„Familienroman, ein stofflich im Problemkreis des bürgerlichen oder adligen Familienlebens, den Konflikten und Bindungen des Zusammenlebens, im weiteren Sinne auch noch der Generationen und der Ehe angesiedelter Roman, doch nur selten rein in dieser thematischen Begrenzung, meist spielen umgreifendere Fragen hinein."[72]

Da es sowohl im expressionistischen Drama als auch im Familienroman vorwiegend um seelische Auseinandersetzungen und Veränderungen geht, tritt die äußere Handlung zugunsten des inneren Erlebens und zugunsten der verbalen Dispute zurück. Annalisa Viviani hat festgestellt, dass wegen kausal nicht fassbarer Vorstellungen das Außengeschehen im expressionistischen Drama kaum mehr von Bedeutung ist:

„Da die Dramatiker nun aber Zusammenhänge darstellen wollen, die weder logisch erfasst noch in einen Kausalnexus gebannt werden können, fordern sie das Paradoxon, jedes Handlungsgebilde aus dem Drama auszuschalten."[73]

Es hat den Anschein, als hätte Döblin in seinem >Hamlet<-Roman das innere Gären seiner Hauptfigur mit den Mitteln des modernen Romans dargestellt und gleichzeitig das Aufeinanderprallen der unvereinbaren Lebenshaltungen und Denkweisen der Generationen in die Form des expressionistischen Dramas gebracht. Die Kluft zwischen Vater und Sohn wird sowohl in Hasenclevers >Sohn< als auch in Döblins >Hamlet< am Gegenstand des Buches sichtbar gemacht, wobei im expressionistischen Drama der Vater als Geschäftsmann der nicht Lesende ist: „(Der Vater geht zum Bücherschrank und wirft höhnisch die Bücher um.) Anstatt diesen Unsinn zu lesen, solltest du lieber

[72] Gero v. Wilpert: >Familienroman<, in >Sachwörterbuch der Literatur<, S. 253
[73] Annalisa Viviani: >Dramaturgische Elemente des expressionistischen Dramas<, S. 32

deine Vokabeln lernen."[74] Im >Hamlet<-Roman ist der Vater Produzent von Reiseliteratur und von Novellen, er ist kein Materialist, doch dem im Rollenverhalten des autoritären Erziehers gefangenen Patrioten bleibt die Antikriegshaltung seines Sohnes unverständlich, so dass dieser wie Hasenclevers `Sohn´ der konservativen Härte sein humanistisches Ethos entgegensetzen muss: „Ich bin ein Mensch, Papa, ein Geschöpf, ich bin nicht eisern."[75] Döblin greift das positive Motiv des Buches ein zweites Mal auf, insofern sein `Sohn´ Edward Shakespeares >Hamlet< liest und damit die psychotische Verkrampfung in die Hamlet-Rolle überwinden kann. Auf weite Strecken ist auch in Döblins Werk der Vater ein Schuldiger, der die innere Freiheit (bei Hasenclever auch die äußere) verhindert, doch am Ende mäßigt Edward seine Vorwürfe (die bei ihm auch mit der Erfahrung der Mutter zu tun haben), und er bezieht alle Menschen in die Ursachen für die politischen Katastrophen der Welt ein. Im dramatischen Mittelpunkt beider Werke steht – als manifester Kampf und als Zuspitzung der geistigen und seelischen Unvereinbarkeit – die Absicht, den Feind zu vernichten, da es nur ein Entweder-Oder gebe. Bei Hasenclever schießt der Sohn seinen Vater nieder, nachdem er während der Gespräche mit seinem Freund seine Ideologie verstärkt hat:

„*Vollende das Werk. Tu nun das Letzte. Empfange die heilige Pflicht [...] Du hast unter dem Deckmantel der Erziehung ein Verbrechen an mir begangen. Dafür wirst du Vergeltung finden.*"[76]

Im >Hamlet<-Roman ist demgegenüber eine Subjekt-Objekt-Vertauschung vorgenommen. Der Vater möchte im Affekt den Sohn vernichten, aus `Mord am Vater´ macht Döblin den `Mord des Vaters am Sohn´:

„*Da ist er ja auch, lupus in fabula. Da ist er, der Kranke, der Simulant. Er inspiziert das Terrain, den Kriegsschauplatz [...] Der fette tobsüchtige Mann ist auf ihn zugetreten und holt mit dem rechten Arm, dem Mordhammer, aus, um auf ihn einzuschlagen.*" (>Hamlet<, S. 417)

---

[74] Walter Hasenclever: >Der Sohn<, S. 45
[75] ebenda, S. 48
[76] ebenda, S. 149

Im >Hamlet<-Roman ist in unmittelbarer Umgebung ein intertextueller Bezug der Familienkatastrophe zur Antikriegsthematik vorhanden, indem Edward den Bombenabwurf im Augenblick der väterlichen Attacke nacherlebt und indem er auf die Aufzeichnungen seines Vaters zur Revolutionszeit stößt, die unter der Überschrift >1918/19 geordnet< gesammelt sind. Der Erzähler des >Hamlet<-Romans leitet nach dem Zusammenbruch der Allison-Familie zur Mutter-Sohn-Thematik über und führt die Wandlung des Protagonisten erst nach der Distanzierung des Sohnes auch von der Mutter herbei, während Hasenclever die Wandlung seiner typisierten und anonymen Hauptgestalt in die Festigung des Vorsatzes zu einer gewaltsamen Lösung des Vater-Sohn-Konfliktes verlagert hat. Das expressionistische Verkündigungsdrama Hasenclevers setze ein bejahendes Pathos an den Schluss des 5. Aktes:

„Jetzt höchste Kraft im Menschen zu verkünden, zur höchsten Freiheit, ist mein Herz erneut."[77]

Der Erzähler des Roman-Dramas >Hamlet< betont in lapidarer indirekter Rede:

„Und während sie dann fuhren, erzählte er dem Oheim noch, dass er den ganzen großen Besitz des Vaters verschenkt habe an die Krankenkassen der Armen und für sich selbst nur das Notwendige zurückbehalten habe, bis er aus eigenen Kräften bestehen könne." (>Hamlet<, S. 573)

Am Ende beider strukturell verwandten Werke findet sich der Idealismus der expressionistischen Ära. Im Familienroman nach dem Zweiten Weltkrieg hat sich aber die fordernde Programmatik gemäßigt zur privaten Karitas eines einzelnen, der gelernt hat, die Anklage gegen andere aufzugeben. Es handelt sich um eine Formverwandtschaft in der Grundstruktur bei einem ähnlichen inhaltlichen Anliegen. Döblin benützt und variiert die Kunstmittel von Hasenclevers >Sohn<, am Schluss distanziert er sich sogar vom Motiv des Generationenkampfes. Und doch ist es wiederum ein junger Mensch, der altruistisch das nunmehr am Ende der Erkenntnis des Erzählers, die sich nun mit der Erkenntnis des Autors berührt, das

---

[77] ebenda, S. 160

geforderte Friedvolle tut, in welchem sich Wu-Wei und Aktivität zur Deckung bringen lassen:

„Und so fuhren sie in die wimmelnde und geräuschvolle Stadt hinein. Ein neues Leben begann." (>Hamlet<, S. 573)

2.2 Shakespeares Charakterdramen

2.2.1 Transfer der Hamletfrage in die Moderne und ihre Auflösung

Seit der Erstaufführung von William Shakespeares fünfaktiger Tragödie >Hamlet< im Jahre 1601 in London ist die Hamlet-Thematik paradigmatisch geworden für eine literarische Bearbeitung von Schuld und Inzest, Schuldvorwurf und Rache im familiären Bereich. Der Sohn straft – mit Skrupeln behaftet – den Vatermörder, seinen Onkel, und dazwischen steht die von beiden geliebte Mutter. Der von Ferdinand Freiligrath, Karl Gutzkow, Gerhart Hauptmann, Benjamin Britting und Heiner Müller aufgegriffene Dramenstoff ermöglichte den Dichtern sowohl die Problematisierung privat vollzogener Bestrafung eines in der Familie stattgefundenen Verbrechens als auch die Politisierung eines innerfamiliären Aufstands gegen Königsmacht zum Gedankenspiel über die Ablösung eines schuldinfizierten Establishments durch eine moralisch agierende Jugendgeneration. Über die Mutter-Sohn-Beziehung im Konnex mit dem Stiefvater-Sohn-Hass bleibt auch der Ödipuskomplex im Spiel, der das Problem des Widerstreits zwischen Rationalität und Emotionalität in Sachen einer Schuldzuweisung und des Generationenkonflikts verschärft. Döblins >Hamlet< behält im Bereich des Familienromans das Misstrauen des Sohnes gegen den Vater bzw. vermeintlichen Stiefvater bei, nimmt aber Abstand vom Strafe- und Rachemotiv einer Selbstjustiz und vollzieht dann die Wendung zu einer allgemeinen Klage über menschliche Schwäche. Edward ist auf weite Strecken der Romanhandlung ein Suchender, der als junger Kriegsbeschädigter die Elterngeneration mit seiner Ahnung von der Verstrickung aller in die Kriegsursachen konfrontiert und sich dabei einer politischen Verwirklichung des literarischen Hamlet-Motivs bewusst ist:

„Ich komme mir vor wie Hamlet, den man belügt, den man zerstreuen will und den man schließlich auf Reisen schickt – weil man ihn fürchtet -, weil er weiß, was geschehen ist." (>Hamlet<, S. 206)

Auf der Ebene der Privathandlung wickelt der Erzähler die entscheidende Handgreiflichkeit mit dem Vater ab und behält so die dramatische Zuspitzung des Shakespeareschen Paradigmas bei. Er verlagert aber den Schwerpunkt auf eine existenzielle Thematik, nachdem Edward festgestellt hat, dass er nur Figur auf dem Schachbrett der Mutter in der Auseinandersetzung mit ihrem Ehemann war und dass die auslösenden Ursachen für gesellschaftliche Katastrophen noch tiefer und genereller zu veranschlagen sind, als er sie vorübergehend in den Verhaltensweisen „Feigheit und Verlogenheit" ermittelt zu haben glaubte:

„Es war mir auferlegt, den Hamlet zu leben [...] `Ja, der blutschänderische Ehebrecher, durch Witzes Zauber, durch Verrätergaben gewann den Willen der scheinbar tugendsamen Königin zu schnöder Lust`[...] Ich bildete mir ein, Hamlet zu sein und die Pflicht zu haben, ein fürchterliches Verbrechen aufzudecken und den Verbrecher zu bestrafen." (>Hamlet<, S. 443 u. 447 u. 585)

Edward erlebt als moderner Hamlet die Demontage seines Vater- und Mutterbildes und bemerkt, dass ihm ein Teil an diesem Zerstörungsvorgang, der zwischen den Eltern schon länger im Gange war, zugefallen ist. Sein detektivisches Unternehmen der Schuldsuche á la Hamlet hat sich zwar als Irrtum erwiesen, indem auf dem privaten Sektor die Schuld Alices noch größer als die Gordons war (Edward zum Psychiater Dr. King: „Mich hat sie missbraucht wie Sie." >Hamlet<, S. 489) und auf gesellschaftlicher Ebene die fassliche Schuld vieler ins Allgemeine weist („Aus den Zeitungen starren den Leser die Gesichter von Staatsmännern, Künstlern, Filmgrößen und Verbrechern an [...] Gibt es den Menschen – ein denkendes, freies Wesen [...] Was für eine dunkle `Vernunft`" >Hamlet<, S. 486 f), doch der Irrweg war nicht sinnlos. Jetzt kann Edward von emotionaler und politischer Aggressivität gegen die Eltern und gegen die über die Eltern stellvertretend gemeinten Kriegsmitschuldigen Abstand nehmen und in eigener Verantwortung und in Einbeziehung seiner selbst in das allgemein menschliche Versagen positiv reagieren und

Gutes tun. Edwards Hamlet-Irrtum ermöglicht die soziale Antwort im modernen Hamlet-Roman! Das Hamlet-Dilemma vom Handeln oder Nicht-Handeln erfährt eine Akzentuierung durch die Erbsünde-Auffassung der liberalen Theologie, deren aktualisierter persönlicher Schuldbegriff durch ein vertrauensvolles soziales Engagement aktiv überwunden wird. Das Hamlet-Motiv erhält in Döblins Spätwerk nur eine vorübergehende Funktion. Nachdem der Held des Romans in Shakespeares Text nachgeschlagen hat und zur Bestätigung seines Missbrauchsverdachtes für die ehelichen Auseinandersetzungen seiner Eltern gekommen ist, die wiederum symptomatisch für allgemein-menschliches Versagen sind, verwirft er seine bisherige Selbstinterpretation. Aus der Warte des Erzählers wird eine auf das Shakespearesche Urbild bezogene moderne Hamlet-Personifizierung unter Einsatz des Textes, dem die Figur eigentlich entsprungen ist, expressis verbis entfiguriert und ab einem bestimmten Bewusstseinsgrad des Protagonisten Edward Allison für methodisch und sachlich untauglich erklärt, private und politische Schuld personal zu fassen. Das Schuld-Strafe-Schema des Paradigmas aus dem Jahre 1600 versagt gegenüber der Komplexität menschlicher Verhaltensmotive.

Hinsichtlich der Implikation des Autors ist gewiss zu bedenken, dass die Suche nach Kriegsschuld im Bereich einer englischen Familie ihre Grenzen hatte, so dass Alfred Döblin durch eine Universalisierung des Schuldgedankens die Nation der Deutschen einbeziehen wollte. Döblins Roman vollzieht eine dezidierte Travestie des Shakespeareschen Hamlet-Stoffes: Der Held zieht sich zuletzt aus Anklage und Verfolgung zurück und entscheidet sich für die sanfte Lösung einer privaten Sozialreform. Der Rächer und Detektiv Edward ist am Schluss nur noch ein idealistisch gesonnener guter Mensch. Die Aktualisierung des Hamlet-Stoffes musste in Döblins Auffassung der Problemlösung durch ein expressionistisches Wandlungsdrama weichen. Im Doppeltitel des Werkes wiederholt sich der dem Romangeschehen innewohnende Gegensatz. Erst als der passive Held erkennt, dass er sich auf falscher Fährte befand und dass er von seiner Mutter manipuliert wurde, wird es in ihm hell, und die Nacht des Suchens und Anrennens gegen Schuld hat ein Ende.

Auch Shakespeares Charakterdrama >King Lear< muss sich einer ungewöhnlichen Aktualisierung innerhalb eines modernen politischen

Romans unterziehen. Es geht wiederum um Macht und Moral und um das Generationenproblem. Das >Lear<-Drama dient Alfred Döblin als Paradigma für die Entlarvung der Herrschergewalt, hinter der Willkür und Schwäche zum Vorschein kommen. Prof. Mackenzie, der Onkel Edwards, benützt Shakespeares Theaterfigur, um Gordons Stärke und Unberechenbarkeit in der Art eines wilden Ebers (Lear) zu illustrieren, doch der Erzähler übernimmt unbemerkt die Regie, um mit der Staatsform der Monarchie abzurechnen. Lear-Gestalt und Lear-Drama gereichen zu Stilmitteln, Herrscherschwäche und Manipulierbarkeit aufzuweisen als Kennzeichen des Endes Wilhelminischer Staatsmacht und ihres Übergangs in die rechtspositivistisch sanktionierte Anarchie der Hitlerzeit. Das Shakespearesche Motiv der Aufteilung des Reiches durch König Lear an die bösen zwei Töchter unter Hintansetzung der jüngsten spielt keine Rolle mehr, wohl aber die schon bei Shakespeare dramatisch ausgestaltete Desorientierung und Realitätsferne eines ungebärdigen und schon altersschwachen Königs. Der Autor benutzt dieses vorgeprägte Muster eines >King Lear<, um die aus seiner Sicht abgewirtschaftete und langfristig in die sog. Machtübernahme Hitlers verwickelte Staatsform der Monarchie zu desavouieren. Die Weimarer Republik hatte für Alfred Döblin vorwiegend Alibifunktion für die herrschenden Kreise der Wilhelminischen Ära, die über den im Grunde konservativen SPD-Reichspräsidenten Friedrich Ebert die Gesellschaftsstruktur im großen und ganzen nach autoritären Prinzipien gestalten und alles im Wesentlichen wie in der Monarchie weiterführen wollten. So dient der Erzähler der King-Lear-Episode dem Autor (neben der auf der Ebene der gegenseitigen Familientherapie ablaufenden Charakterisierung Gordon Allisons) als Träger seiner persönlichen politischen Kritik, welche die gesamte Führungsriege eines diktatorischen Staatssystems aufs Korn nimmt, weil üble Machenschaften durch die hervorgehobene Leitfigur gedeckt und sogar ideologisch aufpoliert wurden:

„Die Hofgesellschaft wusste, dass sie im Augenblick, wo er fehlte, verloren war. Sie war von dem Moment seines Verschwindens an nur eine Räuberbande, eine Horde von Verbrechern, Erpressern und Friedensstörern. Wenn man den König nicht bald fand, riskierte man, bald, eventuell schon bei der Heimkehr, gelyncht zu werden." (>Hamlet<, S. 228)

Diese Wertung des scheinbar sich in die Anhängerschaft des entmachteten Königs einfühlenden Prof. Mackenzie stellt die Verbindung zu den politischen Werturteilen Döblins her, der sich jeweils unmittelbar nach der Beendigung der beiden Weltkriege vehement und unmissverständlich gegen den Machtmissbrauch durch autoritativ geführte Staatssysteme geäußert und seine Rückschlüsse über Mitläufertum angestellt hat. Der Artikel in der Zeitschrift >Der neue Merkur< vom 31.1.1919 dokumentiert die Konformität des Autors mit seiner im >Hamlet<-Roman bekundeten Denkungsart:

„Die Frage: Wer hat zuerst angefangen? Schien mir knabenhaft, und als in der Mitternachtsstunde des ersten August 1914 die Norddeutsche Allgemeine Zeitung eine Extraausgabe brachte, wonach der Zar den Deutschen Kaiser `belogen´ haben soll, ekelte mich. Moralbemäntelung? Es war klar, Deutschland ist ungeheuer mächtig, dieser latenten Macht kann auf keine Weise, so sagt man uns seit Jahren, eine entsprechende Entfaltung gewonnen werden, man versagt – angeblich – systematisch dieser Macht die Realisierung, so haben es die Gegner riskiert, dass man zur Gewalt greift. Der Krieg auf deutscher Seite geht unzweifelhaft um Machtexpansion, ist ein moderner Eroberungskrieg. Unrecht liegt auf der anderen Seite; sie hätten es nicht so weit kommen lassen dürfen. Wie der Name Kurland, Livland, Flandern erschien, schien mir der Krieg sein wahres Gesicht zu zeigen. Das Volk war mit dieser Machtpolitik, dem endlichen Appell an die Waffen einverstanden, in Massen strömten die Freiwilligen heran. Und schließlich ergab sich, dass die Macht sich überrascht abnutzte, im Krieg selber verbrauchte, man übernahm sich mit Gegnern, der Krieg wurde zusehends sinnlos, gegenstandslos, der Kraft stand nicht rechtzeitig Selbsterkenntnis und Klugheit zur Seite. Der Krieg konnte verloren gehen, die Realität war wieder gereinigt von unserer Übermacht, wir können von keinem Unrecht mehr reden, die erbosten Gegner können über uns herfallen und mit uns Schindluder treiben."[78]

Und in einem Radiovortrag des Südwestfunks Baden-Baden vom 4.5.1947 bekennt sich Döblin nach der zweiten Enttäuschung von deutscher Gefolgschaftstreue gegenüber der kriegstreiberischen Führungsclique zur Wiederaufnahme seiner fast drei Jahrzehnte zurückliegenden ersten Systemkritik, die um seine Enttäuschungen nach der Rückkehr aus dem Exil reicher geworden ist:

---

[78] Alfred Döblin: >Die Vertreibung der Gespenster<, in >Politische Schriften<, S. 74

„Aber in welcher trostlosen Geistesverfassung, in welcher zurückgebliebenen Haltung befindet man sich da? Und wie wenig tun die Berufenen, also die Schreibenden und Redenden der Öffentlichkeit dazu, um aus dieser verlorenen Sackgasse zu helfen, aus dem Zwielicht und der Verworrenheit und um an das scharfe aber klare Licht zu führen. Man empfindet noch immer nicht genug, dass die Herrschaft der Kriegsklasse über Deutschland eine Zwangs- und Gewaltherrschaft war, eine volksfeindliche Herrschaft noch jetzt ist, trotzdem das Land in Stücke zerschlagen ist und Millionen auf der Straße liegen und von Stadt zu Stadt wandern, trotzdem was die Kriegsherrschaft aus einem reichen und hochkultivierten Lande gemacht hat. Es wird dem Lande nicht eingeprägt, denn zuviel Dunkelmänner sind an der Arbeit, und es wird ihm nicht verkündet, was ich das letzte Mal anführte, jenen Satz aus der Heiligen Schrift: Wenn dich ein Glied ärgert, reiße es ab. Oder will man sich noch heute mit dem kriegerischen Staat identifizieren?"[79]

Zur erbarmungslosen Offenlegung der Aggressionspolitik durch die autoritären Staatssysteme von Monarchie und Diktatur, welche Döblin im Bereich deutscher Geschichte identisch setzt, kommt in dieser Rundfunkrede noch die Resignation eines aufklärerisch agitierenden Schriftstellers hinzu, der bemerkt, dass zwar Personen, noch nicht aber Denkweisen und veraltete Strukturen ausgetauscht worden sind. Döblins Kritik an der ausgeprägten Tendenz deutscher Monarchie zur Wilhelminischen Zeit, militärische Aggression zum Mittel von Außenpolitik zu machen, findet eine Parallele in der Allegorisierung jener Dichtung, welche die monarchistische Staatsform stützt, im >Hamlet<-Roman. Dort steigt der zunächst suspekte Schauspieler und Theaterdichter Jack Johnson zum Günstling des gerade wieder erstarkenden Königs auf:

„Er verstand plötzlich: Dieser Mann hielt etwas von Monarchen. Der Mann war ein Anker. An ihn konnte man sich halten. Ihm konnte man sein Herz ausschütten. Wir wissen: Johnson war ein Idealist, einer, der glorifiziert, einer mit Herz [...] Solche komische Anhänglichkeit fand man eigentlich nur bei Hunden [...] Wenn alle Stricke reißen, wenn Töchter und Schwiegersöhne ihn behandelten, wie er es verdiente, dann stand auf seiner Seite noch die monarchistische Idee; und da hatte er diesen Fanatiker, den Komödianten."
(>Hamlet<, S. 260)

[79] Alfred Döblin: Rundfunkrede >Kritik der Zeit<, in >Politische Schriften<, S. 442

Döblin setzt im >Hamlet<-Roman die von ihm als gewaltbereitend durchschauten undemokratischen Staatsformen einer erzählerischen Verfremdung aus, die sich des Stilmittels einer erkennbar gemachten Groteske bedient. Dahinter steckt künstlerisch und ideologisch die Konzeption des von Döblin geschätzten Dramatikers Bertolt Brecht, die zur selbständigen Erkenntnis des Zuschauers führen soll, dass politische Rahmenbedingungen Menschenwerk sind und demzufolge verändert werden dürfen, wenn sie dem Volk mehr Schaden als Nutzen bringen. Die Innere Poetik des Romans konzentriert sich also auf die Gedankengebäude der Menschen, aus denen in der interessenbezogenen Verwirklichung erst die realen Gesellschaftsstrukturen entstehen. Die Monarchie soll aus der Sicht eines linksbürgerlichen Schriftstellers entlarvt werden als Staatsgebilde, das in erster Linie der Eitelkeit und dem Egoismus des Monarchen und der Adelsgesellschaft dient:

„Johnson sei ein Tausendkünstler, er triebe ihm, dem König, Gefolgsmänner zu und beraube die Herzöge und seine bösen Töchter ihrer Anhänger – und womit? Durch Krieg, durch Schlachten, durch Angriffe auf freiem Feld? Nein, durch Reden, durch Gedanken, Phantasien, Bilder, durch die Königsidee.“ (>Hamlet<, S. 270)

Neben der politologischen Erkenntnis, dass die auf nur eine einzige Führergestalt ausgerichtete Staatsform die Machtinteressen dieser Person und ihrer Anhängerschaft stützt, kommt in dieser Erzähleranalyse des Orientalisten Prof. Mackenzie zugleich die auf Gegenwarts-Durchleuchtung bezogene Poetologie des Autors zum Vorschein, der mittels Allegorien über Personen der Allison-Familie sowohl die Hintergründe der Familientragödie als auch die Phänomene der Zusammenhänge zwischen repressiver Staatsform und politischer Wirklichkeit aufdeckt. Die der Romanhandlung punktuell und drastisch eingefügten poetologischen Andeutungen gehen konform mit einer ästhetischen Konzeption, die seit dem >Berlin Alexanderplatz<-Roman durchwegs einer politisch hellhörigen Gesellschaftsanalyse verpflichtet ist, welche Gefahren erkennt und auf Aufklärung zugunsten der Rettung des Humanums angelegt ist. Die Konzeption der „ars militans" von 1929 gehört nach wie vor zur

Programmatik eines kritisierend und helfend agierenden, links stehenden Autors:

„Zur Erziehung der Künstler, zur Aufweckung des Publikums sind helle und klare Gesichtspunkte nötig. Die Kunst ist wirksam und hat Aufgaben – es heißt diesen Satz nach allen Seiten, gegen die Künstler, den Staat, das Publikum, hart durchzukämpfen. Da ist Opportunismus und Taktik schon ein halbes Steckenbleiben. Was hier gesagt ist, ist nicht Politisierung der Kunst, sondern ars militans, Wiederherstellung, Renaissance der Kunst und zugleich der einzige Weg zu ihrer Rehabilitierung."[80]

Dieses während des Verfalls der Weimarer Republik ausgesprochene Sendungsbewusstsein einer ungewöhnlich stark auf Wirklichkeit bezogenen Kunstprogrammatik geht konform mit der fünf Jahre nach dem Ende des Zweiten Weltkriegs formulierten Poetologie, welche auf demokratische Kultur ausgerichtet ist und Willkürherrschaft jeder Art – ob durch König oder Diktator ausgeübt – einer kompromisslosen Kritik aussetzt. Freilich ist ein derart kritisch gegen autoritäre Staatssysteme eingestellter Autor auf Befürwortung durch ein aufgeklärtes Staatsvolk angewiesen. So war Döblins nach seiner Rückkehr aus dem Exil vollbrachte Aufklärungsarbeit für das Ministére d l'Education und die Verbreitung guter Literatur mittels seiner Zeitschrift >Das goldene Tor< einer ideellen Konstituierung einer demokratischen und reifen Mehrheit verpflichtet, weshalb die Bitterkeit, vielfach vergeblich gegen das Übergewicht einer unreflektierten Gehorsamsideologie gekämpft zu haben, 1950 nicht zu übersehen ist. Der >Hamlet<-Roman steht in einem solchen, noch in >Die Dichtung, ihre Natur und ihre Rolle< dokumentierten Aufklärungskontext, in welchem auf die Gefahren neuzeitlicher Hofdichtung durch angepasste Literaten aufmerksam gemacht werden soll:

„Nein, die Wirklichkeit, die historische, die Nützlichkeit, die Politik, die sogenannten Tatsachen regieren mit Macht und können nicht genug unter ihre Füße bekommen. Und während sich die Welt unter dieser Herrschaft nicht zu helfen weiß, sondern nur rutscht, sinkt, fällt, währenddessen schreit diese Nützlichkeit nach noch nicht, nach immer größerer Herrschaft. Wie wird zum

---

[80] Alfred Döblin: >Kunst ist nicht frei, sondern wirksam, ars militans<, in >Zeitlupe<, S. 157 f

Beispiel das Geistesgut, das überkommene, der europäischen Völker jetzt verschleudert. Wie wenig wird da geschützt und gepflegt.[81]

Die Schlussszene der >King-Lear<-Bearbeitung in Döblins Familien- und Zeitanalyse zieht ein Willfährigkeits- und Dankesverhältnis zwischen dem regimetreuen Dichter und dem großzügigen König ins Groteske hinüber und macht über diese Verzerrung deutlich, dass das soziologische Gefüge zwischen angepasster Dichtung und Herrschermacht entscheidend ist und nicht die vermeintliche, von einem Hofdichter vermittelte Wahrheit. Um Regimehörigkeit als Inhaltslosigkeit zu entlarven, schreckt Döblin nicht vor einer Klimax des Grotesken zurück, nämlich Shakespeare selbst als Fiktion, als bloße Titulierung für den Bühnenkünstler und Auftragsliteraten Jack Johnson, darzustellen. In diesem auktorialen Eingriff in die Erzählebene einer Shakespeares Darstellung vom gewalttätigen und zugleich schwachen King Lear verdeutlichenden Allegorie durch Edwards Onkel Mackenzie offenbart sich Döblins Vorbehalt gegenüber dem Dichtertum der Inneren Emigration, das die behauptete stille Regimekritik nicht zu leisten vermochte und eine erzieherische Vorbereitung der Leserschaft für die Zeiten nach der Gewaltherrschaft nicht geschafft hat:

„Und Lear verkündete ihm, als er kniete, er wolle ihn wegen seiner Verdienste um die Krone belohnen und in den Adelsstand erheben. Und gab ihm den Ritterschlag und verlieh ihm, den er sonst nur Bill oder William hieß, wegen seiner Kunst, durch die Phantasie zu wirken und wie ein Löwe durch Gebrüll zu erschrecken und zu verwirren und Siege durch Geschrei und Rasseln der Waffen zu erringen, den Namen: William – nicht: der Schreihals, sondern – der Speerschüttler, William Shakespeare, einen Namen, den der Schauspieler, der sich nach erfolgtem Ritterschlag mit seinem üblichen Ernst erhob, annahm."
(>Hamlet<, S. 271)

In diesem Segment des Romans dominieren Zorn und Verachtung des Autors gegenüber einer bewussten literarischen Festigung autoritativer Staatssysteme. Der Name des Dichters der beiden renommierten Textparadigmen in Döblins Werk wird zur bloßen Hülle für einen ehrgeizigen und geschickten Höfling, der dem Herrscher dienlich war

---

[81] Alfred Döblin: >Die Dichtung, ihre Natur und ihre Rolle<, in >Aufsätze zur Literatur<, S. 223

und der im Gegenzug auch seinen Vorteil davonträgt. Eine ähnlich scharfe Verdichtung der Kritik an den Mitläufern von Monarchie und Diktatur in Gestalt willfähriger Literaten übt Döblin im Rundfunkvortrag vom 4.5.1947 in Baden-Baden:

„Er kann in dem Augenblick, wo der Nazismus das Land verwüstet hat, jener Nazismus, hinter dem der alte preußische Kriegsgeist, der Militarismus steht, er kann nicht umhin, sentimentale Gefühle an diesem gefährlichen Grab zu äußern, der Kurfürst wird genannt als Regent von humaner Gesinnung, und der 2. Friedrich erscheint hier als der Mann, den sogar Napoleon gefeiert hat mit den Worten, dass er allein ganz Europa in Schach gehalten hat. Aber Preußen waren die Schlotbarone und Krautjunker, die Ost-Elbier, sie besetzten alle politischen und zivilen Kommandostellen, und ohne den Geist des Knechtsinns und Gehorsam, den sie geschaffen haben, ist der Nazismus, das Unglück, das er über die Welt gebracht hat, nicht zu denken. Das sollte der gebildete Mann wissen.“ [82]

Döblins Shakespeare-Parodie richtet sich auch gegen die Errichtung von Fiktionen durch solche Dichter und Werke, die scheinbar staatstragend bestehende Missstände als unveränderbare Realität ausgeben. In dieser Beziehung ist er zur Abfassungszeit des >Hamlet<-Romans der unbeeinflussbare Regimekritiker geblieben, der er 1919 zur Revolutionszeit schon gewesen ist. Im Zeitschriftenartikel >Die Vertreibung der Gespenster< dokumentiert sich eine scharfsinnige politologische Analyse, die über den Manipulationsmechanismus von Phantasieprodukten reflektiert, die strukturbildende Macht gewinnen und eine schlechte Staatsorganisation zementieren. Hierin wird ebenso eine Bertolt Brecht verwandte Denkweise deutlich, welche die politisch-ökonomischen Strukturen nicht als vorgegebene und zu erhaltende, sondern als zu verändernde begreift. Die gesellschaftliche Wirklichkeit resultiert – bereits für den Alfred Döblin am Ende des Ersten Weltkriegs – aus der Manifestierung der zugrunde liegenden politischen Idee. Das Idealbild des Dichters von den Strukturen des Gemeinwesens ist auf die Kriterien der sozialen Ausgewogenheit und des friedlichen Zusammenlebens bezogen. Döblin fordert vom Schriftsteller eine politische Moral. Traditionalismus zugunsten der

---

[82] Alfred Döblin: >Kritik der Zeit<, in >Politische Schriften<, S. 443

Erhaltung von Machtstaaten erscheint ihm als schmähliche Verbreitung gefährlicher Fiktionen:

„Greifbar mit Händen die Macht der Realität, sondern der Irrealität. Die Leiche, für die sie fochten, hatte sich mit den furchtbarsten Attributen bekleidet, um den Schein des Todes zu verhehlen, war dem Feudalismus verbündet. Man hasste beide, aber erlag beiden, die die moralischen Werte für sich hatten: Nation, Patriotismus, Deutsches Reich. Idee über Idee, Irrealität neben Irrealität. Es war nicht nötig, dass der Unternehmer, das Kapital, mit dem Feudalismus ging, aber auch das Kapital erlag der Krone. So ging der Arbeiter mit dem Unternehmer, mit dem Feudalen: dreifach merkwürdiger Geisterschritt." [83]

Döblin kann sich nicht enthalten, in den >Hamlet<-Roman getarnte Angriffe gegen einen als Anpasser empfundenen Dichterkollegen einzufügen, der – wie schon Erwin Stauffer in >November 1918< - als der Nobelpreisträger für Literatur des Jahres 1912, Gerhart Hauptmann, zu identifizieren ist. Für Döblin konzentriert sich in der Gestalt des in Deutschland während der Hitlerzeit ausharrenden Hauptmann jene verurteilenswerte Stützung der als prinzipiell menschenverachtend interpretierten politischen Systeme von monarchistischem Machtstaat Wilhelminischer Prägung und der Diktatur Adolf Hitlers. Hauptmann hatte 1935 das Schauspiel >Hamlet in Wittenberg< herausgebracht und hatte 1932 im Drama >Vor Sonnenuntergang< Shakespeares >King Lear< verwertet und das Bühnenstück sogar ursprünglich mit >Der neue Lear< tituliert. Am Ende seiner eigenen Lear-Allegorie findet Alfred Döblin durch das groteske Element der Ablösung des Erzählers durch den eigentlich alles organisierenden, erdichteten Autor Gelegenheit, um wieder mit dem vieldekorierten Dichterfürsten Deutschlands abzurechnen und ihn der naiven Glorifizierung restaurativer Staatsordnung zu bezichtigen:

„Der Schauspieler verfasste auf dem Feldzug zur Restauration des Königtums das Stück >King Lear<, nicht ganz in der Fassung, die uns vorliegt [...] Er sah als den Vater von mehreren gerissenen Töchtern einen Greis mit wallendem weißem Bart, einen edelmütigen König, der nach friedvoller Regierung zu ihren Gunsten abgedankt hat [...] Johnson-Shakespeare legte alles an, wie es ihm in seinen Kram passte [...] Die rührende Cordeliaszene gab es in diesem

---

[83] Alfred Döblin: >Die Vertreibung der Gespenster<, in >Politische Schriften<, S. 78

Propagandastück, natürlich noch nicht [...] Ein Schauspieler und Stückeschreiber hat später das uralte, immerhin noch heute wirksame Schauspiel dieses Propagandisten William Shakespeare aufgegabelt und für heutige Bühnen zurechtgemacht. Der Mann, der meinetwegen Smith hieß, nannte sich dann selbst Shakespeare, schrieb selber viele Stücke und benutzte fremde Arbeit." (>Hamlet<, S. 271 ff)

Mit der gängigen literaturwissenschaftlichen positiven Interpretation von Hauptmanns >Vor Sonnenuntergang< wäre Döblin nicht einverstanden gewesen:

„Doch andere, zeit- und gesellschaftskritische Motive verdrängten das Lear-Motiv. Die Auflösung einer alten patriarchalischen Ordnung steht im Zusammenhang mit dem Verfall bürgerlicher Lebensformen, und dieser Verlust einer einst vorhandenen Einheit wird zum zentralen Thema des Stücks. Clausen, für seine Umwelt Prototyp dieser Einheit, macht tabula rasa mit dieser Heuchelei und seinem bisherigen Leben."[84]

Die im Großen und Ganzen harmonisierend gedeutete Gesellschaftsveränderung war in Döblins Wahrnehmung ein Verrat eines Dichters so genannter Innerer Emigration an der Pflicht für eine unmissverständlich kritische Autorposition. Döblin hat auch gewiss das Identitätsgefühl Hauptmanns, das in dessen Vorwort zur Leipziger Uraufführung des >Hamlet in Wittenberg< zutage tritt, als Selbsttäuschung eines preisgekrönten Nationalheros aufgefasst, der sich in Verkennung seines Mitläufertums zum Hamlet idolisiert:

„Ich habe Hamlet ein langes Leben hindurch zum unsterblichen nahen Freunde gehabt [...] und so bot sich und wurde im Leben und Lieben die Vision eines deutschen Hamlets."[85]

Der Name 'Hauptmann' bedeutete für Alfred Döblin Reizstoff. So halten ihn 1946 im Todesjahr des gefeierten Dichters keine Pietätsgefühle ab, die Johnson-Episode durch eine auf Hauptmann zielende Groteske abzuschließen. Der Autor plädiert für ein Dichter-Ethos, das bereit ist, menschenverachtenden Staatspraktiken Paroli zu bieten. Literatur soll in seinem Verständnis selbständig, kritisch und

---

[84] Günter Reiss über Gerhart Hauptmann, in >Kindlers Neues Literaturlexikon<, Bd 7, S. 410
[85] Gerhart Hauptmann: Vorwort zu >Hamlet in Wittenberg<, in >Leipziger Neueste Nachrichten< v. 19.11.1935

humanitär agieren. Möglicherweise spielt bei Döblins Aversionen gegenüber Hauptmann auch ein gewisser Neid auf dessen Erfolg und Anerkanntheit mit, so dass er unter Verzicht auf objektive Fairness den zurückhaltenden, aber doch merkbaren Beitrag Hauptmanns für eine Kultur klassischer Tradition übersieht.

2.2.2 Demontage der aristotelischen Dramenstruktur

Dass sich Döblin als Antipode zu Hauptmann empfindet, hat auch sachlich-formale Gründe. Ihm erscheinen nach traditionellem Muster gestaltete Dramen als nicht mehr zeitgemäß. Obwohl Döblin mit Hauptmann die Anschauung teilt, dass >Hamlet< und >König Lear< gehaltvolle Werke sind, die aktuell verwendet werden können, unterscheiden sich die Bearbeitungen gemäß Verwendungsintention und Kunstkonzept. So wie Hauptmann Shakespeare konservativ deutet, was die Beibehaltung der dramatischen Form einschließt, so nimmt sich Döblin inhaltlich das, was sich seiner politisch-aufklärerischen Thematik einfügen lässt, und behandelt die überlieferten Formen episierend. Die Kernproblematik von Shakespeares Werken, die eine offene und zum Diskutieren anregende ist, bleibt erhalten: Suche nach Wahrheit, Tendenz zur Selbstjustiz, Zweifel am eigenen Vorgehen, Entlarven der Oberschicht, Offenlegen der archaischen Tiefenschicht herausgehobener Charaktere. Doch ein Aufbau, der eine einzelne Person zum alleinigen Handlungszentrum macht und die Nachvollziehung einer These nahe legt, wird gebrochen. Döblins >Hamlet<-Roman thematisiert die Variierung von Lösungsperspektiven und die nur noch untergeordnete Brauchbarkeit der aristotelischen Dramenkonzeption. Den Hintergrund bildet der die Literatur des 20. Jahrhunderts überhaupt kennzeichnende Zweifel an der Allwissenheit des Dichters bei gleichzeitigem Bedürfnis, einen Beitrag zur Aufbereitung existenzieller Probleme leisten zu müssen, da eine Absenz des Dichters von gesellschaftlichen Fragen und geschehenen Katastrophen zum Niedergang echter Kultur beitragen würde. Döblins moderner Roman umkreist mit den Mitteln des Dialogs und den Hauptelementen vorliegender Dramen die Dramenthemen von Schuld und Heilssuche und hebt mit den Mitteln von Erzählung (durch verschiedene Erzähler innerhalb der Handlungsebene) und Roman über das Innenleben des passiven

Helden und über das Geschehen in der ausgewählten Familie die dramatische Bündelung wieder auf. Dies bedeutet nicht einfach die sich ebenso in der Moderne vollziehende Ablösung der geschlossenen Dramenform durch die offene, sondern eine situative Verwendung von vorgefundenen Dramen-Kernstücken innerhalb eines epischen Dramenkonzepts (nach dem Vorbild Brechts), das aber den Übergang in das Metier der Epik vollzogen hat. Das Merkmal der Suche ist in Döblins Werk eher durch das dramatische Element geprägt (Aufeinanderprallen der Vorwürfe und Vorurteile von Vater und Sohn, Offenlegen der Natur des Schriftsteller-Vaters), das Sich-Finden und Geltenlassen der einzelnen Familienmitglieder und der Beginn des subjektiven Heilswegs sind vorwiegend episch wiedergegeben. Der aristotelische Spannungsaufbau ist durch die Erzählkomposition der Bilderreihung und durch gelegentliche Rückgriffe auf das auslösende Geschehen von Edwards Trauma von vornherein ad acta gelegt worden. Abgesehen von der Privathandlung, die durch Anschuldigungen und Emotionen dramatisch gekennzeichnet ist, enthalten bereits die kontrastierenden, prinzipiell dramatischen Dialoge der Hauptfiguren (Vater, Mutter, Onkel, Sohn) Elemente des Epischen durch ihre Länge, durch Komplexität und den Wechsel der Erzählebenen. Die Gesprächsführung der Figuren steht damit nur noch in der Großstruktur des Werkes unter dem Vorzeichen der Debatte über Kriegsschuld-Modelle, die Feinstruktur lebt von ausgedehnten Monologen, die ihrerseits wiederum die allegorische Einkleidung bevorzugen. Die gelegentliche Übernahme der Erzählerrolle durch den Autor tut ein Übriges, um das zielgerichtete Konzept eines aristotelisch aufgebauten Dramas über Grundfragen von Krieg und Frieden zu brechen und der für die vielschichtige Betrachtungsweise von Schuld, Naturgegebenheit und Unschuld geeigneten Gattung der Epik Raum zu geben. Bereits 1927 hat der Theaterkritiker Herbert Ihering Hauptmanns nach traditionellem Muster verfahrende Inszenierung und Aktualisierung von Shakespeares >Hamlet< negativ rezensiert, so dass Döblin innerhalb der Avantgarde moderner Literaten und Theoretiker sicher Rückhalt gehabt hätte für seine episierende Durchdringung eines ins Allgemein-Politische transformierten Hamlet-Themas. Ihering störte sich vor allem am Unternehmen Hauptmanns, das Werk Shakespeares klarer zu konturieren und die Reaktionen der Figuren eindeutiger und berechenbarer zu machen. Hauptmann nähme wohl auch aus der Sicht Döblins etwas Typisches und Überzeitliches aus Shakespeares berühmtestem Drama heraus, nämlich Unkalkulierbarkeit und Multifunktionalität:

> *„Die Handlung außen heftiger zu machen, um sie innen abzutöten, ist Unsinn. Hauptmann glaubt, Hamlet aktiver zu gestalten, wenn er ihm den Aufstand des Laertes überträgt, und seine dramatische Kurve stärker zu zeichnen, wenn er ihn durch die Rache des Königs und Ophelias Wahnsinn bricht. Er schafft den Schulfall des Oberlehrerdramas, indem er den `Charakter´ auf einen Höhepunkt führt und dann den Umschwung bringt:"* [86]

Durch die Abkehr von der Dramentechnik des Paradigmas will Döblin formal sein inhaltliches Anliegen, Illusionierung über nicht zu erreichende und über im Verborgenen gehaltene Wahrheit bewusst zu machen, unterstreichen. Deshalb zieht er dem aus seiner Sicht überholten Konzept der klassischen 5-Akt-Gestaltung die analytische Technik eines artifiziell erweiterten Detektivromans vor. Bereits in der äußerlichen Wahl der Gattungsbezeichnung `Roman´, welche als totalisierender Begriff nicht zureichend ist, da auch mit jeweils anderer Akzentsetzung von Familienroman, Psychologischem Roman und Antikriegsroman gesprochen werden muss, liegt bereits ein Stilmittel der Verfremdung. Bertolt Brechts dramentechnische Errungenschaft dient Alfred Döblin als Kunstgriff für eine scheinbare Trivialisierung des klassischen Vorbilds und lässt es zu, dass die detektivische Suche zum Werkinhalt wird. Eine gewisse Spannung bleibt trotz der Vermeidung einer klassischen Komposition auf einen Höhepunkt hin erhalten, weil der Leser mit der Optik des fragenden und Indizien sammelnden `Kriminalisten´ das Herausfinden der Wahrheit verfolgt:

> *„Detektivroman – neuere, spezifisch angloamerikanische Abart des Kriminalromans besonders im 20. Jahrhundert, in der die psychologische Erklärung des Verbrechens zurücktritt hinter der ausführlichen Schilderung seiner Aufklärung, der Aufhellung eines fiktiven, anfangs offensichtlich unerklärbar erscheinenden und für den Leser bis zum Schluss*

---

[86] Herbert Ihering, zitiert nach >G. Hauptmann<, in >Katalog des Schiller-Nationalmuseums<, S. 236

geheimnisumwitterten Tatbestandes durch den Detektiv mit Hilfe von Indizien und logischen Schlussfolgerungen. [87]

Da es inhaltlich aber um eine nicht-kriminologische Problematik geht, wird der Verfremdung die das selbständige Denken des Lesers auslösende Verwunderung introjiziert. Die Gattung stellt auch kein Hindernis für das familiäre Kernelement innerhalb des dem Roman eingefügten expressionistischen Wandlungsdramas über den Vater-Sohn-Konflikt, dar. Denn das Ideendrama dieser Epoche hat den strengen tektonischen Aufbau des klassischen Dramas bereits gelockert, und es wurde mit Bilderfolgen und der Darstellung von inneren Vorgängen experimentiert, was sich für Döblins existenzialistisches Anliegen, dass ein junger Mann in selbstloser und hartnäckiger Weise die Schuld der Vorgängergeneration aufdecken will, günstig erwies. Da der Autor über die verschiedenen Erzählergestalten hinweg den Erzähler der gerafft berichteten übrigen Romanhandlung ohnehin ziemlich zurückgenommen hat (Konzept eines scheinbar abwesenden 'Organisators' der Figurenkonstellation und der notwendigen Ergänzungen zum Tun gerade nicht sprechender Hauptgestalten), kann er sich als Stratege eines diskursiv angelegten dramatischen Konzepts über alle relativ belanglosen äußeren Geschehnisse hinaus den Thesen 'Kriegsschuld', 'Leugnung von Mitschuld', 'Relativierung von Schuld' und 'Erklärung privater Verstrickung' widmen, die im Wesentlichen – entsprechend dieser Reihenfolge – von den monologisierenden Hauptgestalten Edward, Gordon, Mackenzie und Alice vertreten werden. Dazu kommt in diesem Werk ein die dramenartige Großkomposition ablösender romantypischer Schluss, der alles Gegeneinander zurücknimmt und die Handlung wieder auf die innere Haltung des still gewesenen und nun wieder still gewordenen Helden reduziert. Der erreichte Status der Hauptperson entspricht nun dem pathetischen Ethos vieler expressionistischer Wandlungsdramen, so dass auch in dieser Hinsicht die Verbindung dieses vielschichtigen Werkes zwischen zwei Gattungen und zwei Epochen hergestellt ist. In bestimmter Hinsicht ist mit der Gestaltungsform des Detektivromans auch eine Provokation verbunden: Shakespeares >Hamlet< behandelt im Aufbau des klassischen Dramas tatsächlich ein judikables Thema (es ist ein Mord

---

[87] Gero v. Wilpert: >Detektivroman<, in >Sachwörterbuch der Literatur<, S. 157

in der Familie geschehen), Döblins >Hamlet< ist in der Art kriminalistischen Forschens einem Phänomen der Menschheitsgeschichte gewidmet, welches gemeinhin der Außenpolitik zugeordnet wird, obwohl 55 Millionen Tote zurückgeblieben sind. Das Stilmittel der Trivialisierung provoziert ein Nachdenken über Schuld und Mitschuld oder über Kriminalität ungeheurer Dimension. Der Autor zieht zur Verarbeitung eines Versuches, privat Kriegsleid zu überwinden und politisch sich fragend und opfernd einzubringen, Shakespeares >Hamlet< heran und ordnet die strenge Form des tradierten Paradigmas der sich zur Resignation bereit findenden Gesinnung des passiven Helden unter, für die sich die spannungsmildernde Bilderreihung eignet. Shakespeares >King Lear< soll eine Staatsform entlarven und einen dominanten Schriftsteller-Vater analysieren und gleichzeitig das zur Mitläuferei tendierende Segment der Literatur so genannter Innerer Emigration anprangern, so dass auch hierbei die klassische Bündelung einer multifunktionalen Ausbreitung und einer sowohl allegorisierenden als auch auktorialen Besetztheit weichen musste. Der Verzicht auf die klassische Form resultiert aus dem Bedürfnis des Autors, in umfassendster Weise die Suche nach Kriegsursachen, die in jedem Einzelnen liegen und die durch die Generationenfolge überliefert werden, zu betreiben bei gleichzeitigem Zugeben, dass eine erfolgreiche Ermittlung, welche den Anfangsverdacht und die Anklageerhebung aufrechterhalten kann, nicht mehr möglich ist. Tradition steht nur mehr im Dienst des Versuchs! Der Zugriff auf Shakespeares Vorlagen geschah jedoch nicht nur, um den Inhalt auszuweiten und die Form zu widerlegen. >Hamlet< und >King Lear< stellen auch Analysematerial bereit, das Ansätze bot, um bezüglich aktueller Fragen nach dem Gehalt menschlichen Suchens und Wütens auf die Charakterdramen zurückzugreifen, wenn schon die Kriegsschuld-Problematik am Beispiel einer englischen Schriftsteller-Familie angegangen werden sollte. 1947 hat Alfred Döblin sein schon 1938 in Paris im Heft >Schriften zu dieser Zeit< unter dem Titel >Die deutsche Literatur< bekannt gemachtes literaturästhetisches Konzept bekräftigt, in welchem er sich der experimentierfreudigen und kritisch-ethisch geprägten „geistes-revolutionären Strömung" zurechnet. Allerdings hält sich der Autor, was seine konkrete literarische Praxis angeht, recht bedeckt. Er beschränkt sich auf

Andeutungen und nimmt nur eine neutrale und vage Klassifizierung vor, nachdem er die eigene Ausrichtung gegenüber „Konservativen" und „Humanisten" vorgeklärt hat:

„Die geistesrevolutionäre Strömung setzte vor zwei bis drei Jahrzehnten in Europa unter verschiedenen Namen ein, hieß Futurismus, Expressionismus, Neue Sachlichkeit usw. und ließ sich mit ausgesprochenem Vergnügen gleichmäßig vom Spießer und vom gebildeten Bürger ablehnen. Bei großer Skepsis gegen die überkommene Bildung, was bis zur Verneinung und zum Bildersturm führen kann, zeigt man hier eine originale Haltung zur Realität der Gegenwart und eine positive Stellung zu ihr. Man gibt sich verschieden. Bald bejaht und verherrlicht man die Technik, die Industrie, die ökonomische und politische Entwicklung und wirft sich im politischen Klassenkampf auf irgendeine Seite, bald steigt man im Gegenteil in die Mystik, zu den Müttern herab (wie manche hier überhaupt Abgründe und Verwirrung lieben, auf die Urgewalt der dunklen Triebe und des Gefühls schwören und dadurch in die Nähe der Romantik kommen), oft lehnt man jede Festlegung ab und drängt einfach auf Chaos. Um einige deutsche Namen zu nennen von Männern, die es sich hier wohl sein lassen, so erinnere ich für Drama und Lyrik an Georg Kaiser, Carl Sternheim, Unruh, Brecht, Toller, Lasker-Schüler, Wolfenstein, auch Werfel, im Roman an Kafka, Weiß, Leonhard Frank, hier reihe ich mich selbst ein."[88]

2.2.3 Burleske zur Verhinderung von Identifizierung

Innerhalb der Erzählung vom Ritter Jaufie Rudel de la Blaia wimmelt es von Derbheiten. Die Eltern des jungen Ritters verprügeln sich, es gibt Ohrfeigen und Fußtritte für den weiblichen Knappen Jaufies durch die Minne-Herrin. Der Orient-Fahrer Jaufie selbst wird sogar von der als Dienerin verkleideten Prinzessin von Tripoli geschlagen, und schließlich belegt der Erzähler die sagenumwobene Gräfin der vorderorientalischen Stadt mit herabsetzenden Prädikaten wie „Ledergesicht", „Hexe", „Vampir", „Betrügerin", „Drachen", „Teil der Unterwelt" und „Schimäre". Die sich über 60 Buchseiten hinziehende Geschichte Gordon Allisons enthält auch Hinweise auf gossenhaftes Liedmaterial und alkoholbedingtes Missverhalten des Troubadours Jaufie, der genauso wie die Prinzessin und der Knappe seine Identität einmal verbirgt und dann wieder offen legt:

---

[88] Alfred Döblin: >Die deutsche Literatur<, in >Aufsätze zur Literatur<, S. 190

„Er legte seine Laute beiseite und begann aus dem Stegreif zu singen, was ihm einfiel, einfache Bauern- und Schänkenlieder höchst zweifelhaften Inhalts und Gassenhauer. Und weil der südliche Wein seine Wirkung übte, trat bei ihm ein Bewegungstrieb hervor, und er fing an, zu hüpfen und sich zu drehen, auch auf bäuerische Art zu jauchzen und zu jodeln, kurz, auf seine Weise fröhlich zu sein." *(>Hamlet<, S. 102)*

Die mittelalterliche Sage aus der Sammlung >Gesta Romanorum< wird durch viele Erzählelemente, die bezüglich ihrer literarischen Qualität niedriger anzusetzen sind als die unverfälschte Vorlage, ins Triviale und Groteske gezogen. Der Erzähler, selbst Schriftsteller, hat offensichtlich starkes Interesse daran, den Sageninhalt durch betonte Banalisierung des Handlungsverlaufs in Zweifel zu ziehen und die Gedanken seiner Zuhörer, der Mitglieder der eigenen Familie, auf erkenntnistheoretische und literaturästhetische Grundprobleme hinzuführen: Welchem Ideal streben Menschen zuweilen nach? Wie steht es um das Verhältnis von Bild und Realität? Können Worte und Erzählungen Lebensvorgänge adäquat erfassen?

Innerhalb des größeren Ganzen des >Hamlet<-Romans muss die Jaufie-Burleske als Teil der dramatischen Auseinandersetzung zwischen Vater und Sohn betrachtet werden. Der Sohn ist bereits in seine selbstgesetzte Aufgabe des Fahnders nach der Kriegsschuld verstrickt und hat sich in einer späten ödipalen Beziehung mit seiner Mutter solidarisiert. Der Vater widersetzt sich gemäß seiner eigenen Welterfahrung und schriftstellerischen Ideologie den Forschungsprämissen seines Sohnes und wehrt sich auch emotional gegen die Vereinnahmung seiner Frau durch den Sohn. Den zuhörenden Familienmitgliedern wird nun vom Familienoberhaupt in allegorischer Form angedeutet, dass die Erzeugung der vollen Wahrheit über menschliche Zielvorstellungen und private Sehnsüchte schon immer von Literatur als Trugbild durchschaubar gemacht wurde. Der Vater warnt den Sohn verschlüsselt vor der Überstrapazierung seiner Hamlet-Rolle und weiterer regressiver Verliebtheit in die Mutter. Die derben Binnenerzählungen und überraschenden Rollenwechsel sollen helfen, eingebildete Realität als Illusionarität bewusst zu machen. Die Burleske als Bestandteil der Argumentation des Vaters gegenüber dem ihn und seine Anschauung attackierenden Sohn hat die Funktion der Zerlegung der moralischen

Geschichtsbetrachtung Edwards. Sie enthält auch wegen der zusätzlich als innere Poetik in die grotesken Handlungspassagen der Jaufie-Erzählung eingeschobenen Reduzierung des Echtheitsanspruches poetischer Stoffe ein Friedensangebot Gordons: Die Gedankenmodelle auf beiden Seiten bewirkten keine Widerspiegelung einer wahren Realität. Der Vater beharre nicht auf alleiniger Rechthaberei mit seinem nihilistischen Standpunkt hinsichtlich der Kriegsschuld. Doch der Sohn solle endlich einsehen, dass seine geistige Tendenz und die Richtung seiner privaten Emotionen aus Elementen wirrer Phantasie bestehe. Gordon allegorisiert nicht nur mit Hilfe einer mittelalterlichen Sage, er streut sogar auffällige Deutungshilfen ein, welche die drastisch-derben illusionsbrechenden Erzählelemente in ihrer bewusst machenden Aufgabe unterstützen:

„Die Prinzessin von Tripoli. Ein lebender Mensch? Eine Traumgestalt, eine Traumgestalt [...] Mit jedem Schiff laufen Bündel von Manuskripten bei ihr ein. Sie hat schon eine Bibliothek. Sie hält sich ein Büro mit mehreren Damen, die Manuskripte katalogisieren [...] Quasi die Moral der Geschichte ist: Ritter Jaufie Rudel von Blaia lebte körperlich greifbar, sichtbar mit dieser klugen Petite Lay in der Provence, lebte auf seinem Schloss – aber die Welt nahm nicht Kenntnis davon. Ihm war von Tripoli her ein Gerücht vorausgelaufen, und das erwies sich als stärker als seine leibliche Gegenwart. Und das Gerücht, das den Ritter Jaufie und seine Petite Lay überlebte und noch umgeht, lautet: [...] Er erblickte sie noch. Sie drückte einen Kuss auf seine Lippen. Fürstlich ließ sie den Toten begraben. Sie selbst ging in ein Kloster.“ (>Hamlet<, S. 77 u. S. 87 u. S. 113)

Die Erkenntnis schaffende Stoßrichtung der Burleske richtet sich in der Art dramatischer Kleinkunst sowohl auf den Hörer als auch auf die parodierte Gattung der Erzählvorlage:

„Kleines derb-komisches Lust- oder Possenspiel mit karikaturistischer Übertreibung, dient meist humorig-kritischer Verspottung von persönlichen oder literarischen Verschrobenheiten (Gekünsteltheit, Bildungsdünkel u.ä.) durch realistische Gegenüberstellung des einfachen, natürlichen Ursprungs dieser Eigenarten.“[89]

---

[89] Gero v. Wilpert: >Burleske<, in >Sachwörterbuch der Literatur<, S. 120

Zur distanzschaffenden inhaltlichen und formalen Organisation der Burleske fügt sich, dass diese innerhalb gehobener Literatur im Grunde satirische Erzählform dem Drama und dem Roman gleichermaßen dienlich ist und noch Merkmale eines vorliterarischen Schilderns in sich transportiert, wie es Jürgen Hein in seiner Untersuchung zum Schwank festgestellt hat:

„Dass es sich um sehr allgemeine, wenig aussagende Kennzeichnungen handelt, die keine Abgrenzungen zulassen, dass Merkmale vor- und außerliterarischen Erzählens mit denen literarischer Erscheinungsformen vermengt, dass die epische und dramatische Anlage eines schwankhaften Stoffes nicht exakt getrennt und dass die distinktiven stofflichen und formalen Merkmale nicht klar herausgestellt werden." [90]

Es ist daher nicht verwunderlich, dass die gattungstypologische Diskussion zum Begründer einer modernen, verfremdenden Dramenkonzeption, nämlich zu Bertolt Brecht, hinführt, den Döblin bekanntlich sehr geschätzt hat:

„Der Schwank gilt als spezifische Form der Trivialproduktion; bestimmte Inhalte, dramaturgische Mittel und Theatereffekte kehren immer wieder. Brecht hat seine Sympathie zu dieser Gattung der Dramatik ausgedrückt, 'die allgemein, als niedrig gilt'". [91]

Demgemäß bestätigt sich, dass Döblin die unterschiedlichen Wertungsassoziationen gegenüber bisher isoliert voneinander betrachteten literarischen Gattungen in seine künstlerischen Konstruktionen einbezieht. Damit gewinnt die mit der Konnotation der Trivialität versehene Form der Burleske, die synonym für Posse und Schwank steht, eine die Kleingattung aufwertende Funktionalität für den philosophischen und psychologischen Diskurs in Döblins Roman auf der Basis des allseits bekannten >Hamlet<-Dramas:

„Mit der Posse werden Begriffe wie Derbheit, mangelnde künstlerische Tiefe und Problemlosigkeit von der am 'hohen' Drama orientierten Kritik verbunden. Man

---

[90] Jürgen Hein: >Der Schwank<, in >Formen der Literatur<, S. 360
[91] ebenda, S. 365

betont ihren improvisatorischen Charakter, ihre Offenheit für andere Formen der Theatralik und ihre Anpassung an den Publikumsgeschmack." [92]

Die vom Dichter dem erzählenden Novellen-Autor Gordon Allison unterschobenen Burlesken innerhalb der Rittersage erlangen also auf zwei verschiedenen Ebenen Bedeutung. Der Vater will die Fixierung seines Sohnes auf die Kriegsschuld-Frage und auf die Mutter aufbrechen, und der Autor verhindert gemäß der Theorie Brechts über das Epische Theater und den Verfremdungseffekt eine Identifikation des Lesers mit der Figur eines modernen Hamlet und mit Shakespeares Problembewältigung, die nicht ohne Weiteres in das Zwanzigste Jahrhundert zu übertragen sind.

3 Epische Kleinformen im Psychologischen Roman

3.1 Märchen und Kurzgeschichte als Allegorien zu Identität und Tarnung

Obwohl Edward Allison damit beschäftigt ist, den anderen Familienmitgliedern Informationen zu entlocken, die ihm das Geheimnis um die wahren Ursachen des Zweiten Weltkriegs lüften helfen, gibt er im Rahmen des Märchens >Der Löwe und sein Spiegelbild< etwas von sich selber preis. Ein Löwe unterliegt dreimal dem Irrtum, dass sein Spiegelbild auf der Wasseroberfläche eines Bergsees ein feindlicher Artgenosse sei, springt diesem an die Kehle und ertrinkt. Dem Psychiater Döblin sind die typischen Symbole und Vorgänge des psychologischen Märchens geläufig. Ein Löwe und eine Wasserfläche fanden sich auch im >November<-Roman, sie deuten hier wie dort auf essentielle Prozesse im Unterbewusstsein der Erzählerfigur Edward Allison hin, bei denen es um die Mobilisierung aller verfügbaren Energien der Persönlichkeit in der Auseinandersetzung mit einem polaren Teil des eigenen Ichs geht. Der erzählende Romanheld gibt den Hörern Hilfen für die Deutung mit: „Jetzt weiß ich auch, warum ich den Namen des Löwen vergessen habe. Ich – war es selber." (>Hamlet<, S. 135) Der aktive Teil von Edwards Ich unterliegt und zieht sich in die Tiefe des Unterbewussten zurück. Auch dem zuhörenden Facharzt für Psychiatrie, Dr. King, ist

---

[92] Jürgen Hein über die Posse, in >Harenbergs Lexikon der Weltliteratur<, Bd 4, S. 2339

die Allegorie, die in C.G. Jungs Analytischer Psychologie ihre Erklärung findet, sofort deutlich, und er will Edwards Familienmitglieder ablenken und dem noch krankheitsbelasteten Edward eine wissenschaftliche Bewusstmachung ersparen. Im Innern Edwards ist es zu einer Figurierung seiner momentanen tiefgreifenden Problemlage gekommen, die ihn zu dem hierfür kongruenten Stoff eines ihm nun höchst aussagekräftig erscheinenden Märchens greifen ließ. Er benötigt unerhörten Mut, um seiner Hamlet-Aufgabe nachgehen zu können, und es gibt Hemmungen in ihm – nicht zuletzt ausgelöst durch die bereits zu Abschluss gebrachte Jaufie-Burleske seines Vaters -, die es ihm nahe legen, die ihn vermutlich überfordernde Konfrontation mit einer sich als absolut unkonziliant präsentierenden Außenwelt aufzugeben. Die Allegorie offenbart das Kräftespiel zwischen Courage und Angst, zwischen dem Versuch, eine politische Ethik zu erproben, und der Versuchung, den bequemeren Weg der Beipflichtung in die Behauptung der Unausweichlichkeit von Kriegskatastrophen zu gehen. Der Autor hat seiner erzählenden Figur ein parabel- und auch gleichnishaftes Märchen unterlegt, das erkennen lässt, dass hier Ergebnisse einer psychologischen Märchenforschung nutzbar gemacht werden, um Vorgänge, die aus der Sicht der Fachwissenschaft entwicklungspsychologisch interpretiert werden, zielgerichtet als schwer belastende Auseinandersetzung zu deuten, die mit dem Versuch eines leidenden Menschen zusammenhängt, mit neuen Fragen und Thesen die zurückliegenden Ursachen seines eigenen Desasters und der Katastrophe für die Menschheit herauszufinden:

„Eine ganz andere Deutung der Geschehnisse im Märchen gibt die tiefenpsychologische Märchenforschung. Für sie ist die Fahrt des Märchenhelden in die Unterwelt eine Auseinandersetzung mit dem eigenen Unbewussten; die Figuren des Märchens entsprechen Teilen der Persönlichkeit. Märchen zeigen demnach entweder einen Reifungsprozess während der Pubertätszeit oder einen Individuationsprozess zur Zeit der Lebensmitte. Der Tod des Gegenspielers wird als notwendige Überwindung negativer Seiten der Persönlichkeit gedeutet. Die Tiefenpsychologen betonen auch die Bedeutung der Märchenrezeption für die Entwicklung Jugendlicher."[93]

---

[93] Therese Poser: >Das Märchen<, in >Formen der Literatur<, S. 257

Diese Typologie der von Döblin genutzten Erzählgattung durch Therese Poser erklärt den literatur- ästhetischen Kunstgriff hinsichtlich der Funktion für die Hauptfigur, nämlich sich selber unter Hinweis auf die eigene Problemlage in das gruppendynamische Gefüge einzubringen, das von Andeutungen beherrscht ist, die teils enthüllen und teils wiederum verhüllen. Es kommt aber noch eine Finesse Döblins hinzu, die strukturbildende Bedeutung für alle eingeschobenen kleinen Erzählformen erlangt hat, nämlich mittels der literarischen Gattung selbst die Diffusität einer Meinung oder eines willentlichen Vorhabens abzubilden. Wie Therese Poser festgestellt hat, reichen die von Döblin verwendeten Kleinformen auf Volkserzählungen zurück, bei denen sich wegen der Unklarheiten bezüglich Authentizität und Originalität die Erzählstoffe und Strukturen im geschichtlichen Dunkel früherer Jahrhunderte verlieren:

„Gemeinsam ist diesen Texten, dass sie zumindest zeitweise in der mündlichen Überlieferung gelebt haben und durch diese beeinflusst sind. Allerdings sind die Grenzen zu anderen Volkserzählungen, insbesondere zur Sage, manchmal fließend."[94]

Eine vom Schriftsteller Gordon Allison verfasste Kurzgeschichte mit dem Titel >Lord Crenshaw< hat symptomatische Bedeutung für den literarisierten Autor selbst. Die oberflächlich typisierte Hauptperson der durch den ansonsten absent erscheinenden Erzähler des >Hamlet<-Romans vorgetragenen Kurzgeschichte kennzeichnet das wichtigste Charaktermerkmal Gordons, seine Nicht-Festlegbarkeit. Diese Erzählung umschreibt außerdem sein nihilistisches Weltbild, das sich auch in seiner Kunstauffassung niederschlägt; nämlich dass alle Meinungen und Ziele Phantasieprodukte seien, die in keiner Weise der nicht erfassbaren Realität entsprächen. Die Selbstpräsentation des Familienoberhaupts geht konform mit dem Bild, das Alice (teilweise) und die Freunde der Familie von ihm haben, und ermöglicht Gordon das Verharren in der Rolle des behäbig-saturierten Patrioten, der die politischen Dinge laufen lässt, wie sie kommen, weil sich eh alle Menschen ständig irren und in bestimmte Vorstellungen verrennen würden. Der Indifferentismus ist Teil seines Egoismus, seiner Überlebenstaktik unter jedwedem politischem System und seines

---

[94] ebenda, S. 252

Bedürfnisses nach Unbehelligtheit. Die vorbehaltlose Bejahung der Außen- und Innenpolitik seines Vaterlandes verträgt sich mit dieser Philosophie einer totalen Vernunftkritik. Als Erzieher und Familienoberhaupt will er gemäß seinem Relativismus den moralisch denkenden Sohn vor dessen Vorhaben einer vielleicht ihn und die Familie zerstörenden Schuldsuche warnen. Gordons parabelhaft geprägte Kurzgeschichte, welche die dreimalige Wiederholung der Kernszene enthält (Busfahrt in Hollywood zum Vorort Crenshaw), führt die Identitätslosigkeit eines Menschen vor, der sich leicht in Suggestionen einfühlt und der vielen Menschen bekannt erscheint. Als der angebliche Lord einmal in einem in der amerikanischen Filmmetropole zu drehenden Kriminalfilm mitspielt, entführt er eine Darstellerin und bleibt seither verschwunden. Der Erzähler unterstreicht am Ende erklärend das im knappen Handlungsvorgang versteckte Problem einer Existenzform, die sich auf Tarnung versteht, und eines Charakters, der tatsächlich durch Nicht-Individualität gekennzeichnet ist.

Indem der Erzähler des Romans Gordon mit dem Scherznamen „Lord Crenschaw" belegt, wird bereits die mangelnde Resonanz der Kurzgeschichte angedeutet. Edward reagiert darauf ebenso nicht wie auf den appellativen Gehalt der Jaufie-Burleske, da er den Illusionismus seines Schriftsteller-Vaters als oppositionelle und zersetzende Kraft hinsichtlich seiner Auflehnung gegen ein Geschichtsbild der Schicksalhaftigkeit wahrnimmt. Mit der nihilistischen Ideologie seines Vaters, der immer wieder kritische Meinungen zu den Themen Krieg und Liebe als Phantasieprodukte abstempelt, die jedes Realitätsbezugs entbehrten, kann sich Edward schwerlich abfinden. Stärker noch ist der emotional von der Dominanz des berühmten Vaters betroffen und vom anfangs noch geheimen Ringen um die Gunst der Mutter. Mit der Ankündigung Gordons zu Beginn des familiären Geschichtenerzählens, nicht alles restlos aufdecken zu wollen und manches Allegorische in der Andeutung zu belassen, ist er völlig einverstanden („Wer Augen hat, zu sehen, sehe; wer Ohren hat, zu hören, höre. Unsere Devise ist: aufmerksam und willig folgen.Wir erwarten von jedem Geduld und Nachsicht gegenüber seinem Nächsten, selbst wenn man ihn nicht begreift."
>Hamlet<, S. 43)

Die >Crenshaw<-Kurzgeschichte taucht in Döblins >Hamlet<-Roman noch einmal auf in Form eines zu Gordon Geburtstag von den vielen Festgästen und Verehrern aufgeführten Theaterstücks mit dem Titel >Lord Crenshaws zauberhafte Verwandlungen<. Das Spiel enthält groteske Elemente in Gestalt eines Begleiters Lord Crenschaws, der als Ritter Jaufie sen., als König Lear, als wilder Eber, als Michelangelo und als griechischer Jüngling auftritt, und überschreitet die Grenze zum Schwank durch das ordinäre Benehmen eines im Crenshaw-Bus mitfahrenden „Flittchens". Das Laienspiel travestiert insofern die Crenshaw-Kurzgeschichte, als mittels scheinbarer Nebenfiguren die bildlichen Charakteristiken Gordon Allisons zugegen sind und sich auch das Ödipus-Problem und die gestörte eheliche Beziehung andeuten. Durch die betonte Banalisierung im Bericht über die Theateraufführung wird eine Verfremdung erreicht, die dem Leser Anlass gibt, darüber nachzudenken, warum dieses scheinbar oberflächliche und spontane Laienspiel der Festtagsgäste solche manifesten Anspielungen auf die dominierende Wesensart des berühmten Novellen- und Reiseliteratur-Autors enthält und weshalb die Fans des Schriftstellers über solche Analyse-Fähigkeiten verfügen. Die Lösung der Frage nach der Funktion einer Travestie über eine Kurzgeschichte und über deren Autor („Den Hauptreiz für das Publikum machten aber nicht die kleinen Szenen, die eben beschrieben wurden, aus, sondern das lustige Spiel mehrerer während der Fahrt. Dabei ließen die Festgäste wechselnd Gesänge hören und rezitierten aus Gordon Allisons Werken." >Hamlet<, S. 408) liefert die genauere Betrachtung der durch den gespielten Klamauk ironisierten Erzählgattung und der Beziehung zwischen Novellen-Autor und Leserschaft. Die Kurzgeschichte stellt eine Errungenschaft der Moderne im Deutschland nach dem Zweiten Weltkrieg dar, obwohl sich die Entstehung der Gattung – wenn man Edgar Allan Poes und Heinrich v. Kleists Novellen einbezieht – bis an den Anfang des 19. Jahrhunderts zurückverfolgen lässt. Durch die bis 1945 vorwiegend in Amerika beheimatete Schreibform sollte mittels der Verbreitungsmöglichkeiten der Tagespresse Erziehungsarbeit im ehemaligen NS-Deutschland geleistet werden. Neue Inhalte werden in ungewöhnlicher formaler Verdichtung vorgeführt. Leonie Marx hat in der Gattungsbeschreibung herausgearbeitet, was als spezifische Stärke betrachtet werden sollte und woran eine Kritik der Erzählform festzumachen ist:

„Wenn sich die begriffliche Auffassung von der deutschen Kurzgeschichte als eigenständiger, der modernen short-story entsprechenden Gattung zu festigen beginnt, so liegt das hauptsächlich an der Bedeutung, die ihr die Generation der Nachkriegsautoren beimisst; denn für viele dieser Autorinnen und Autoren stellt die Kurzgeschichte die ihnen zeitgemäße literarische Form dar, um sowohl das tiefgreifende Krisenbewusstsein als auch die vordergründigen Alltagsprobleme der Menschen in der Nachkriegszeit künstlerisch einprägsam auszudrücken [. . .] Was viele an der Kurzgeschichte anzieht – zu dieser Zeit wird sie auch, die Umorientierung akzentuierend, gelegentlich die `story´ genannt -, besteht in der Konzentration dessen, was den Gegensatz zum literarischen Angebot im Dritten Reich darstellt. Inhaltlich bedeutet das: Da finden sich wirklichkeitsnahe Stoffwahl, Konflikte und Figuren, nicht die Helden- und Bauerntypen, jene allzu gesunden und idealisierten Gestalten der NS-Zeit, sondern Außenseiter, komplizierte Figuren, deren Offenheit schockierend wirkt; in formaler Hinsicht besticht das Raffinement, das Understatement der short-story."[95]

Diese Gattungsdefinition enthält durchaus divergierende Elemente, die Alfred Döblin zum Anlass für seine polarisierende Verarbeitung nimmt. Die originale Crenshaw-Geschichte ist einer existenzialistischen und zum Nihilismus neigenden Wahrnehmung des Menschen und der Gesellschaft unmittelbar nach dem Krieg gewidmet. Die groteske Verzerrung legt die Schwächen einer Gattung bloß, die gerade wegen ihrer Kürze die komplizierten Vorgänge in der Tiefenstruktur des einzelnen und des Staatsgefüges nur ansatzhaft und unzureichend bearbeiten kann. Die neue Gattung, der sich Döblin unter anderen Prämissen und mit anderer Zielsetzung schon in seiner Frühphase gewidmet hat, bleibt deswegen einer gewissen Vordergründigkeit verhaftet, die sogar von der Leserschaft, den Spielern und Regisseuren der Crenshaw-Persiflage, durchschaut wird. Der Autor des >Hamlet<-Romans hat sich zur Frage der Möglichkeiten literarischer Gattungen in seinen Schriften zur Literaturästhetik geäußert und eine leicht spöttische Distanz zur Schreibform der Novelle und eine starke Affinität zu den Chancen der Romanform – seiner eigenen seit etwa 1913 (wenn man den

---

[95] Leonie Marx: >Die Kurzgeschichte<, in >Formen der Literatur<, S. 228 f

>Schwarzen Vorhang< und die >Jagenden Rosse< unter dem
Vorzeichen experimentierender Jugendwerke zu sehen bereit ist) –
zum Ausdruck gebracht. Döblins Vortrag vom 17.1.1938 am „Institut
de l'Encouragement pour l'Industrie Nationale" enthält die
Kernbegriffe seiner Romanästhetik, „Realistik" und „Phantasie", und
legt außerdem offen, dass die schmerzliche Exilerfahrung mit seiner
Hinwendung zur Darstellungsweise der Burleske zusammenhängt: Er
spricht in kokettierender Selbstdistanzierung von sich in der dritten
Person:

*„Es ist lange her, dass er sich (1900-1910) in die Wellen der neuen
geistesrevolutionären Strömung warf. Nach einigem Herumplanschen hier (siehe
einige Novellen und Essays) bekundete er Realistik und Phantasie (dazu eine
philosophisch-mystische Unterströmung) in den Romanen >Wang-lun< (1916),
>Wallenstein< (1920), bis zum >Berlin Alexanderplatz< (1929). Im Ausland
legte er ein bilderreiches Buch, die >Babylonische Wandrung< vor, die tragisch-
burleske Emigration eines Gottes, dann ein knapperes Werk >Pardon wird nicht
gegeben<, gesellschaftskritisch, zuletzt das zweibändige >Land ohne Tod<, ein
Gegenüber der mythischen Welt südamerikanischer Indianer und der
europäischen Civilisation, eine Art epischer Generalabrechnung mit unserer
Civilisation."*[96]

Wie seine Figuren liebt es Döblin, sich zu tarnen. Er macht manches
für den Kundigen erkennbar, hält sich aber zurück, detaillierte
Interpretationshilfen für seine Auffassung von der Dichtkunst
gebrauchsfertig zu erstellen. Doch macht er in breit angelegen Essays
bekannt, was er seit seiner mittleren Schaffensperiode unter `Tiefe´
versteht und vor welcher Problemlage eine sprachkünstlerische
Produktion nach der Terrorherrschaft des Dritten Reichs steht. Kurz
vor seiner Emigration hat Alfred Döblin noch ein Resümee gezogen
(das von den Herausgebern des Nachlasses mit >Blick auf die heutige
Deutsche Literatur< betitelt wurde), in welchem die Forderung nach
Philosophizität für gute Literatur deutlich wird; ein Gehalt, der
allerdings eine entsprechende künstlerische Einkleidung und
Ausweitung erfahren muss:

---

[96] Alfred Döblin: >Die Deutsche Literatur<, in >Schriften zur Ästhetik <, S. 352

„Als drittes nach den Berichten und dem Erkennen das Darstellen. Das ist das Gebiet der Kunst. Kunst steht in einer Reihe mit der Philosophie, sofern sie vor allem verarbeitet und also von dem bloßen Berichten entfernt, aber sie übertrumpft noch die Philosophie in der souveränen Art der Behandlung der Tatsachen.“[97]

Als psychologisch und evolutionistisch denkender Autor hält es Döblin für legitim, dass echte Literatur auf weit zurückliegende Epochen zurückgreift, weil im Unterbewusstsein des Menschen die Vergangenheit als ein in die Gegenwart eingreifendes Kraftfeld parat läge. Es ist also nicht nur artifizielles Spiel, wenn der Autor auf die Literaturprodukte des 13. Jahrhunderts zurückgeht, während er sich mit Roman und Kurzgeschichte um das Jahr 1945 beschäftigt, sondern eine reflektierte Achtung vor der sowohl in modernen Textformen als auch in überlieferten Materialien enthaltenen Psychologie. Der Autor akzeptiert aber nicht einfach die Überlieferung als eine stets geltende Wahrheit, er ist sich der Problematik von statuarischen Aussagen wohl bewusst. Daher dient sein Griff in die Literaturhistorie einer aus der Erschütterung der Gegenwart am Ende des Zweiten Weltkriegs kommenden In-Frage-Stellung von festen Positionen zugunsten eines künstlerischen Umkreisens der existenziellen menschlichen Nöte, die mit der alten und zugleich neuen Struktur menschlichen Fühlens und Denkens zu tun haben. Während der Konzeption der Schrift >Die literarische Situation< im Jahr 1946 hat Döblin seine Reflexion über die Tiefenstruktur des Bewusstseins im Bezug auf seine Dichtungstheorie dokumentiert:

„Es liegt eine Verschachtelung, ein Ineinanderschieben von Zeiten, von geschichtlichen Perioden vor. Dies hat einen allgemeinen Grund. Das Denken, die Probleme, die Ausdrucksformen sind viel zäher, langsamer und daher älter als die gleichzeitigen technischen und ökonomischen Einrichtungen einer Zeit. Wir sind älter als die Dinge, die uns umgeben. Man schleppt draußen gewiss viel Vergangenheit mit sich, aber im Innern noch mehr, ja man ist nur zu einem Teil frei und disponibel und plastisch veränderlich für die jeweilige Gegenwart. Was wir unseren Geist nennen, ist ein sehr zusammengesetztes Konvolut von alten und ältesten Haltungen, von denen ein Teil aus tiefen biologischen und körperlichen Quellen stammt, ein anderer uns ständig frisch aus unserem Milieu

---

[97] Alfred Döblin: >Blick auf die heutige deutsche Literatur<, in >Schriften zur Ästhetik<, S. 270

zufließt. Wieweit zurück, wieviel Jahrhunderte zurück, in der Postkutschenzeit, in der Zeit der geharnischten Ritter und noch mehr zurück kann das allgemeine Denken liegen, in einer Epoche, wo schon die Glühlampe in allen Zimmern brennt. Wir stoßen im Menschen auf Prinzipien und Urteile, auf geistige Schichten, die in einer fast völligen Unbeweglichkeit ruhen, so dass wir unseren Geist mit einem Bergwerk vergleichen können, von dem allein die oberen Schichten aufgeschlossen und zugänglich gemacht sind."[98]

Eine psychologiehaltige moderne Kurzgeschichte, wie er sie als Crenshaw-Erzählung, als parabelhaften Topos sowohl für Gordons Naturell als auch für die Schwierigkeit, das Wesentliche künstlerisch und begrifflich zu fassen, in seinen >Hamlet<-Roman eingefügt hat, würde Alfred Döblin als berechtigte sprachliche Ausdrucksform für die Art und die Not der Gegenwart akzeptieren, doch außerhalb seines eigenen Oeuvres hat er ein solches Kunstwerk nicht entdeckt. Seine nicht-exilierten, mit dem Schreiben neu beginnenden Zeitgenossen hält er nicht der Erwähnung wert. Ein psychologisch denkender und weit ausgreifender Romanautor, der sich die Aufgabe der Umerziehung eines Volkes vorgenommen hat, scheint der erzählerischen Kleinform der Kurzgeschichte nichts Bedeutendes zuzutrauen. Die seiner Ansicht nach besten Produkte der Gegenwartsliteratur oder einer seit den zwanziger Jahren für Demokratisierung und gewaltfreie Sozialisierung eintretenden Dichtung, die ab 1933 nur im Exil ihre Fortsetzung finden konnte, bezeichnet er als „geistesrevolutionär" und bezüglich ihrer Rezeption als getragen von einer „Keim- und Reizwirkung". Die Kurzgeschichte hält Döblin trotz ihres potentiell möglichen philosophischen Gehalts für eine zu kümmerliche Erzählgattung – gemessen an dem hohen Anspruch seiner eigenen Literatur, die sich zum Ziel gesetzt hat, die mentale Einstellung einer ganzen Nation zu wandeln unter Anknüpfung an die in der Tiefenschicht des einzelnen vorhandenen Intentionen für das Gute. Döblin plädiert Mitte 1946 in der Schrift >Die Deutsche Utopie von 1933 und die Literatur< im Grunde für eine Sprachkunst, die Erschütterung bewirken und beim durch die NS-Herrschaft geschädigten Deutschen einen geradezu therapeutischen Leseprozess initiieren könne. Er ist sich bewusst, dass nach Diktatur

---

[98] Alfred Döblin: >Die deutsche Utopie von 1933<, in >Schriften zur Ästhetik<, S. 378

und Krieg nicht einfach auf die Literaturkonzepte der Jahre vor 1933 zurückgegriffen werden kann:

„Wie soll man eingreifen? Soll man und kann man die alte – Vor-1933-Literatur – restaurieren? Die heute erscheinende Literatur würde damit, falls es möglich wäre, zwar sofort auf einen anderen Platz geschoben und zurückgedrängt werden (sie ist jetzt kaum gehindert und hat freies Feld). Aber eine mechanische `Restauration´ der Literatur ist überhaupt unmöglich; denn die Welt hat sich verändert, ein abenteuerlicher Vorgang und ein abenteuerlicher Krieg haben die Menschen verändert. Was jetzt `progressiv´ zu nennen ist, wäre erst festzustellen; die Progression von 1933 wäre 1946 schon an sich nicht und nun gar nach diesen Ereignissen ohne weiteres progressiv. Und wie steht es heute um die Humanistischen, die Bürgerlichen von 1933? Lebt dieser Geist überhaupt noch – in der alten Form -, ist er verwendungsfähig, findet er neue Ausdrucksformen?"[99]

Im Wesentlichen hält Döblin an einer Literaturästhetik fest, die er am 16.6.1936 in seiner Pariser Rede anlässlich einer Veranstaltung des >Schutzverbandes deutscher Schriftsteller< gehalten hat. Dieses vier Monate später unter dem Titel >Der Historische Roman und wir< gedruckte Referat enthält bereits jenes dynamistische Literaturkonzept, das für seine beiden letzten großen Romane form- und inhaltsprägend wurde und auf der Basis dessen den Lesern eine die Augen öffnende, wertende Geschichtsbewältigung ermöglicht werden sollte.

„Wir hatten in Deutschland sehr viel mystische, religiöse und märchenhafte Literatur, die Literatur der Verklärer, der Skeptiker, der Untätigen, viele scheinobjektive Darstellungen. Wir hatten wenig aktive Literatur, die der Parteilichkeit des Tätigen entstammte, welche neuaufgedeckte Gegenwart persönlicher oder gesellschaftlicher Art oder Auseinandersetzung mit ihr gab. Historische Romane gab es in Deutschland viel, von Leuten, die keine Emigranten waren, aber was waren das für welche?"[100]

Es ist freilich auf eine ambivalente Semantik beim Gebrauch literaturwissenschaftlicher Fachterminologie durch Döblin zu achten. So verwendet er während seiner Polemik gegen unpolitische Werke –

---

[99] ebenda, S. 388
[100] Alfred Döblin: >Der Historische Roman und wir<, in >Schriften zur Ästhetik<, S. 314

für ihn also verschleiernde Literatur der zwanziger Jahre oder der angeblichen Inneren Emigration während des Dritten Reichs – die Begriffe „mythisch, religiös, märchenhaft" in der Konnotation von Abwertung. Dagegen bringen dieselben adjektivischen Prädikate Anerkennung zum Ausdruck bringen, wenn es um Romane geht, die wirkliche Psychologie, echte Mythen und aussagekräftige Volksmärchen dichterisch verarbeiten und mit einer gesellschaftlichen Zielsetzung verbinden. Die Valenz in Richtung auf die Gemeinschaft der Menschen prägt alle Romane Döblins seit seiner Frühzeit, so dass das in einem je verschiedenen Mischungsverhältnis auftretende Vorkommen von Gesellschaftskritik, Gesellschaftssatire und Gemeinschaftsutopie den entscheidenden Gradmesser für Alfred Döblins Qualitätsurteil bildet. Seine Klassifikationskriterien gegenüber anderen Schriftstellern sind sehr subtil, und so kommt es, dass er die Gruppe der geistesrevolutionären Dichter, welcher er selbst sich zurechnet, noch einmal aufspaltet – in die Links- und Rechtsradikalen. Die Trennung der Avantgarde ist nach Döblin durch Hitlers Machtübernahme verursacht, weshalb er das entsprechende Kapitel seines Vortrages vom 17.1.1938 in Paris mit „Das Zerreißen der Literatur 1933" überschreibt. Da Döblin hierin seinen Schriftsteller-Kollegen Gottfried Benn des Nihilismus beschuldigt, kommt indirekt zum Vorschein, dass diese in der Crenshaw-Kurzgeschichte zutage tretende Geisteshaltung und das ästhetische Prinzip eines Schreibens in parabelhaften Kleinformen nicht letztlich seine eigenen Prämissen sind, sondern ideologische und künstlerische Erscheinungsformen und Materialien, die er benutzt, umspielt, perspektivisch beleuchtet, aber letzten Endes verwirft. Er will als Literat eine gründlich nachgewiesene, positive Antwort auf die Probleme des kriegserschütterten 20. Jahrhunderts bieten, auch wenn sein prinzipiell konstruktives Unterfangen zuletzt bei einem christlich-humanitären Existenzialismus stehen bleiben muss. Offensichtlich enthält diese Vorstellung für ein politisches und für ein damit zusammen hängendes familiäres Heil einen zeitübergreifenden Appell:

„Um den Riss, den der Nazismus trotzdem durch die dritte Gruppe macht, zu verstehen, muss man wissen, dass es in der politischen Welt Links- und Rechtsradikale gibt. Beide Richtungen haben Vertreter bei den Jungen, die

Politik zerreißt die Gruppe. Nicht hervorzuheben braucht man, dass in allen drei Gruppen (Erg.: konservativ, humanistisch, geistesrevolutionär) die Frage `Arier oder Nichtarier´ dabei mitspricht, ob im Land oder draußen. Einige haben viel Wesens gemacht vom Fall des Lyrikers und Essayisten Gottfried Benn. Er, der geistesrevolutionären Gruppe zugehörig, ein geschworener Nihilist, auf den Spuren Nietzsches, war immer pathologisch hinfällig und Machtanbeter. Die Spaltung im Lager der Jüngern, die Links- und Rechtsradikale machte, ging um Nietzsche herum. Früh schwenkte von ihm eine Schar ab zu den Pazifisten, Sozialisten, Gewaltgegnern. Andere ließen sich gerade von Nietzsches amoralischer Gewalttheorie anziehen und wurden reif für eine Annäherung an das konservativ Feudalistische, dann an den Nazismus. Benn hat sich nicht den Nazis zugewandt, er blieb in der Sphäre des abseitigen Dichters; er hat sich aber auch nicht der Auswanderung, der Rückendeckung in Bezug auf Nazismus angeschlossen. Er sah, falsch wie viele andere, die Auswanderung unter dem Zeichen einer totgelaufenen Linksbewegung.[101]

Döblin kämpft – wie es an seinen zahlreichen Äußerungen zur Literaturästhetik sichtbar wird – mit höchst subtil eingesetzten artifiziellen Mitteln um eine Romankunst, die das existenzielle Erleben und Tasten des in eine konkrete Gesellschaft eingebundenen Menschseins in den Mittelpunkt stellt. Er integriert die Errungenschaften von Expressionismus und Neuer Sachlichkeit in eine Schreibkonzeption, die sich mit der Zeitgeschichte auseinandersetzt und zugleich die literarischen Mittel, mit denen die Bewältigung von Gegenwart betrieben wird, experimentierend reflektiert. Dies wird mittels der travestierenden Einschübe im Zusammenhang mit dem untergeordneten Gebrauch literarischer Kleinformen demonstriert. Wie seine programmatische Rede zum 5. Jahrestag des >Schutzverbandes Deutscher Schriftsteller im Exil< belegt, bewegt sich die Intention des Autors vorrangig um die Frage, was Dichtung zur Heilung einer tiefkranken, aus den Fugen geratenen Gegenwart beitragen kann und welche Äußerungsformen dafür geeignet sind:

„Säkularisierung der deutschen Literatur: heißt das nicht, den ihr eigenen Geist austreiben? Ich will also der realen historischen Entwicklung viel geben, aber die Kunst, die will ich ins Schlepptau einer solchen Entwicklung legen, und sie

---

[101] Alfred Döblin: >Die Deutsche Literatur<, in >Schriften zur Ästhetik<, S. 322

selbst die Kunst? Was ist aber alle `reale historische´ Entwicklung, wenn die Kunst dabei ins Schlepptau gerät? Welche Auffassung zeigt man da von unserer so furchtbar aufgerührten und zu prinzipiellen Fragen gedrängten Existenz? Nein, ich muss bekennen: Religion, Mystik, Kunst gehören in das schaffende Zentrum einer neuen Menschheit. Die Gegenwart mag noch so toben – und dagegen toben. Sie tobt, weil aller Geist an die Peripherie geraten ist. Die Literatur wird nur beitragen zur Genesung in dem Maße, wie sie tief und wahrhaft in das alte menschenaufbauende Zentrum eintaucht. Was ich denunzierte, war allein die Verachtung der Realität und der menschlichen Gesellschaft, und das Hängen an blutlosen Phantomen, an Abstraktionen, die sich für Mystik ausgeben, und Zeichen der Aushöhlung, der Ernüchterung, Austrocknung, ja Entartung sind."[102]

Der in dieser Festrede zu unfestlicher Exilsituation anklingende Wirklichkeitsbegriff Döblins muss im politischen Kontext gedeutet werden. Der Autor bekämpft die imperialistisch ausgerichtete Pragmatik Hitler-Deutschlands („Der geistige Vorsprung, den das Deutschland der Philosophen von Kant bis Schopenhauer besaß, war lange verloren, man hatte für das Kulturelle eingetauscht den kläglichen, entseelenden militärisch-industriell-technischen Vorsprung"[103]) und ist der festen Überzeugung eines an politische Aufklärung glaubenden Psychologen, der die positiven und negativen Tiefen der menschlichen Natur in die Menschen- und Gesellschaftsdarstellungen seiner Romane integriert. `Realität´ ist bei Döblin durch sein Menschenbild und durch die Erfahrungen mit diktatorischen Staatssystemen definiert. Deshalb lässt er nur wenige Autoren neben sich gelten, die er dann an seinen eigenen Wertmaßstäben der psychologischen Tiefe und der Auseinandersetzung mit der Gesellschaft misst: Jakob Wassermann, Heinrich Mann, Stefan Zweig, Bruno Frank, René Schickele, Leonhard Frank, Ernst Weiß, Lion Feuchtwanger, Georg Hermann, Emil Ludwig, Carl Sternheim, Joseph Roth, Hermann Kesten, Klaus Mann, Oskar Maria Graf, Anna Seghers, Gustav Regler, Bernhard v. Brentano. Zu Döblins gerade im Jahr 1938 in den Vordergrund tretenden thematischen Erwartungen an den guten – also zeitkritischen – Roman gehört eine äußerst distanzierte Betrachtung der modernen, hochtechnisierten Zivilisation, wie er sie im Grunde schon im >Wang-

---

[102] ebenda, S. 340
[103] ebenda, S. 346

lun<, auffälliger dann in >Wadzeks Kampf mit der Dampfturbine<, in >Berge, Meere und Giganten< und eben im Jahre seiner Bewertung der schreibenden Zeitgenossen mit der >Amazonas<-Trilogie betrieben hat. Sein wichtigstes negatives Kriterium ist im Verdikt `Oberflächlichkeit´ zu erkennen, was wiederum im positiven Äquivalent auf die Forderung nach Diskussion über die Grundlagen förderlicher gesellschaftlicher Strukturen seit dem Ersten Weltkrieg schließen lässt:

„Der Roman hat seit fast zwei Jahrhunderten stärkere Vertreter in England und in Frankreich. Das hängt zusammen mit dem geringen Realitätssinn der Deutschen, und diese geringe Entwicklung wiederum mit ihrer politischen und kulturellen Existenz. Sie wurden von ihrer Realität künstlich zurückgehalten, der Roman steht aber nun einmal auf der Realität. Vorherrschend blieb da in Deutschland ein sich fortpflanzendes bequemes Erzählwesen, Modell Spinnrocken, der Unterhaltungsroman mit seinen unwahren, aus früheren Büchern übernommenen halb abstrakten Motiven. Mühsam drängt sich, mit einigen Reflexen, hier die wirkliche Welt ein. Dabei wäre ein stärkeres Eindringen nützlich angesichts der massenhaften Verbreitung dieser Form oder Unform, da sie, wenn nicht Kunst, so doch wenigstens Aufklärungsinstrument hätte werden können."[104]

3.2 Sage und Legende als vorgeformte Erklärungsmuster für Bildnis und Substanz

Der historische provenzalische Troubadour Jaufré Rudel, Seigneur de Blaye, wird in der Rittersage des >Hamlet<-Romans zum Objekt seines eigenen Dichtens. Der Erfinder des Textes und der Melodie über die Sehnsucht nach der nie gesehenen Prinzessin von Tripoli gerät zum tragischen Helden eines Kunstproduktes. In diesem Transfer des Erzählsubjekts in den Erzählgegenstand ist bereits eine Reflexion des Autors Döblin über die Bildnis- und Substanz-Problematik enthalten. Die tradierte und im Verlauf der Überlieferungsgeschichte seit Anfang des 13. Jahrhunderts stets variierte Erzählung über personale Fernliebe ergreift den Träger des Stoffes und interpretiert diesen aus seinem eigenen – und gar nicht mehr originalen – Kunstprodukt heraus. Döblin spart nicht an Innerer

---

[104] Alfred Döblin: >Die Deutsche Literatur<, in >Schriften zur Ästhetik<, S. 346

Poetik, um diesen historischen Verunklärungsprozess erzählerisch mittels seiner Figuren verständlich zu machen. Neben der Sage gibt es die Ebene der Erklärungen. Gordon Allison betont stets den grundlegenden Unterschied zwischen Realität und Fiktion („Ritter Jaufie Rudel von Blaya lebte körperlich greifbar, sichtbar mit dieser klugen Petite Lay in der Provence, lebte auf seinem Schloss – aber die Welt nahm nicht Kenntnis davon. Ihm war von Tripoli her ein Gerücht vorausgelaufen, und das erwies sich stärker als seine leibliche Gegenwart." >Hamlet<, S. 113) und stellt in einer weiteren Abstrahierung („Wir sind völlig zu Traumwesen und Fabelfiguren geworden." >Hamlet<, S. 133) die Beziehung zum Hauptmotiv des Romans, der Hamlet-Rolle Edwards, her:

„Der Krieg liegt hinter uns – warum soll man jetzt die Dinge nicht so nennen, wie sie sind? Warum sich anstrengen und etwas behaupten, was der Kritik nicht standhält? Einige reden kühn von Personen, die den Krieg `verursacht` hätten – andere möchten den Krieg naturgesetzlich begründen [...] Meine alte Überzeugung: Alles ist bloß Phantasie. Man soll sich nichts vormachen. Berechnungen stimmen nicht. Alles ist möglich." (>Hamlet<, S. 133)

Durch den Kontrast zu dem Anliegen Edwards, schuldige Personen oder wenigstens schuldhaftes Verhalten von Personengruppen zu ermitteln, gewinnen Rittersage und Deutungen der breit ausgewalzten und ins Burleske verzerrten Aventiuren-Handlung allegorische Aussagekraft hinsichtlich der Autor-Intention, menschliche Vorstellung und Tatsächlichkeit zu problematisieren. Alles, was der direkte Erzähler der Sage desillusionierend beiträgt, nachdem er immerhin den Hauptanteil an der immensen Überdehnung der Geschichte getragen hat, ist nicht mit einer vom Autor letztlich beabsichtigten Aussage gleichzusetzen. Auch Edward hat, von seiner Bemühung her gesehen, Licht ins Dunkel bringen und sich nie mehr mit dem Phänomen Krieg als unabwendbarem Bestandteil der Menschengeschichte abfinden zu wollen, Recht. Aber dem figurierten Autor Gordon gehört ebenso die Anteilnahme eines über den Krieg und die Kriegsfolgen sowie über die Verhinderung weiterer Menschheitskatastrophen nachsinnenden Autors, der die Hemmungen und massiven Vorbehalte gegen eine Vergangenheitsbewältigung ab Oktober 1945 im Nachkriegsdeutschland schmerzlich kennen gelernt hat; denn einzelne Schuldige oder definierbare Kollektivschuld waren nicht festzumachen.

Der Romanautor steht zwischen seinen handlungstragenden und erzählenden Figuren, und er erfindet zusätzlich einen anonymen Romanerzähler, der über die auf den Leser zielenden Affektbildungen einmal mehr, einmal weniger Sympathie für eine der Romanfiguren herstellt. Es gehört zur Kompliziertheit und Schwerverständlichkeit von Döblins letztem großem Roman, dass jede Hauptfigur irgendwann vom Autor-Erzähler bestätigt und an anderer Stelle widerlegt wird. Während der ersten Erzählungen sind vordergründig unwichtige, doch von ihrer typenhaften Assoziativität her bedeutsame Nebenfiguren zugegen, unter denen gerade ein Richter den Eskapismus und Nihilismus Gordons unterstützt („Natürlich fehlt mir auch die Phantasie. Aber im Prinzip kennt sie doch jeder. Was man phantasiert, hat ganz private Gründe. Die Weltgeschichte hat Gott sei Dank nichts damit zu tun. Man phantasiert aus einem körperlichen und seelischen Zustand heraus." >Hamlet<, S. 142) und gerade ein Eisenbahnbeamter die überquellende Erzählmasse der Jaufie-Geschichte beanstandet („Er fängt irgendwo an, und nachher weiß er nicht weiter. Er braucht einen Weichensteller. Seine Züge fahren fast immer auf ein falsches Geleis und müssen bald stoppen. Daher sind Kurzgeschichten – besser Kurzschlussgeschichten – seine Sache. Würde er sie länger machen, gäbe es ein Désastre." >Hamlet<, S. 136).

Die Problematisierung von menschlichen Meinungen, die nach der so genannten Machtübernahme einem grundlegenden Zweifel ausgesetzt werden, gibt sich auch mittels der Erzählgattung des Minneliedes kund. Wie im hochmittelalterlichen Minnesang nicht Erlebnis-, sondern Rollenlyrik produziert und ein bloß ästhetisches Spiel mittels eines poetischen Formelschatzes feilgeboten wurde, so will der Autor über ein vorgeformtes Gattungsmuster die Brüchigkeit und Angreifbarkeit politischer Moralsuche, aber auch der Moralverweigerung bewusst machen. Dazu eignet sich für diesen Psychologischen Roman, der gleichermaßen Zeit- und Familienroman ist, die motivische Verwertung der Gattung des Minnelieds besonders gut, weil das In-Frage-Stellen der Vergangenheitsbewertung im >Hamlet<-Roman mit der Thematisierung des privaten Bildnis-Problems gekoppelt ist. Bis zum Zerbrechen der Familie und weiter bis zur Todessituation hin wissen in der Allison-Familie Eltern und

Sohn nicht, wer sie selbst eigentlich sind und wie der nächste Verwandte zu betrachten ist und betrachtet werden will. Ein Motiv, das die potentielle Verwechslung von Sein und Schein zusätzlich zu Shakespeares >Hamlet<-Stoff enthält, schien dem Autor geeignet, um kongenuin auf die Verquickung von Irrtum und Wahrheit bei Urteilen über Politik und Menschen in unmittelbarer Umgebung aufmerksam zu machen:

„Und gerade die Tatsache, dass die höfische Kultur der Frau nicht eine grundsätzlich neue gesellschaftliche Stellung gewährt, beleuchtet eindrucksvoll diese Abkehr von der Tatsachenwelt zugunsten der Vorstellungswelt. 'Minneleid' ist wahrlich nicht 'Liebesleid' - nicht was ist, gilt besingenswert, des Nachbildens würdig, sondern das, was einer gegebenen Schicht vorbildlich erscheint."[105]

Der Schriftsteller Gordon will seinem Sohn indirekt über Stoff- und Gattungswahl sagen, dass die von Edward ödipal angeschwärmte Mutter eine Illusionsbildung seines in Verwirrung geratenen Innenlebens darstelle, genauso wie die Hamlet-artige Verbohrtheit in einen Schuldnachweis eine Fixierung auf einen nur eingebildeten Vorgang bedeute. Was für die ursprüngliche Sagenform und für den durch Gordon erweiterten Sageninhalt gilt, muss auch hinsichtlich der Überlieferungsgeschichte beachtet werden. Die anonyme Legendensammlung >Gesta Romanorum<, in der die älteste Fassung der Jaufie-Geschichte enthalten ist, stellt keine Dokumentation dar, die als Chronik von Fakten zu verstehen ist, sondern sie bildet – entsprechend der den Hamlet-Stoff transportierenden >Gesta Danorum< - ein rhetorisch und moralisierend angereichertes Ensemble von Kunstprodukten um nicht genau zu fassende historische Anlässe herum. Den privaten Sektor des Bildnis-Problems ergänzt der Autor mittels einer durch die Hauptbetroffene Alice erzählten Göttersage über Pluto, den griechischen Gott der Unterwelt. Gemäß dieses Produktes menschlicher Phantasie, welches aber noch allgemeiner und tiefschürfender reflektiert werden kann, weil diese Sage auch zu den Mythen einer alten und hohen Kulturstufe der Menschheit zählt, habe der finstere Herrscher des Hades das holde

---

[105] Artikel "Minnelied", in >Deutsche Philologie im Aufriß<, hrsg. v. W. Stammler, Bd III, S. 18

Mädchen Proserpina, die Tochter des Zeus und der Erdgöttin Demeter, entführt und zu seiner Gemahlin gemacht. Der Zugriff des gefühllosen Pluto hinterlässt Spuren am bisher fröhlich-unbeschwerten Naturell des göttergeborenen Landmädchens. Ihre innere Leichtigkeit geht verloren:

„Er verlangte nach dem Glück, der unschuldigen Jugend, der Heiterkeit, die er nicht hat, deren Anblick ihm das Herz zerreißt – er verlangt danach, er lechzt danach. Wenn sich sein Mund ihr nähert, dann weicht alles von ihr, die Heiterkeit, das Glück. Sie weiß nicht, was ihr geschieht. Sie gibt ihr Wesen auf. Sie saß zuerst in völliger Starre neben ihm." (>Hamlet<, S. 335)

Auch diese Erzählung ist in eine Mehrfach-Funktion eingespannt. Zum einen will Alice ihrem Sohn allegorisch ihr Ehe-Dilemma mit dem allzu dominierenden Gordon andeuten, zum anderen betreibt sie eine Selbststilisierung zum göttergleichen Naturkind Proserpina – und gibt damit dem psychologiekundigen Leser, nicht jedoch dem naiv-gläubigen Zuhörer Edward – ihren Narzissmus kund. Auf einer über der Romanhandlung und der Figuration liegenden Ebene bringt der Autor den Aspekt der Missverstehen und Isoliertheit bedingenden Geschlechtsnatur des Menschen in das Bedeutungsgefüge des Werkes ein; ein Gestaltungs- und Aussageelement zum Thema Geschlechterbeziehung, das im mythologisch geprägten Roman >Manas< bereits einen Schwerpunkt in Döblins Schaffen gebildet und überhaupt in den Novellen der Frühzeit eine große Rolle gespielt hat. Die erzählende Figur selbst reichert das Frauenraub-Motiv über die eigene Problematik hinaus mit Assoziationen zum persönlichen Gericht über die Verstorbenen in der Unterwelt an und bezieht sich auch selber in das Mitschuldig- oder gar furchtbare Schuldig-Geworden-Sein vieler Menschen ein:

„Die Schuldigen – schuldig, ob sie bereuten oder nicht bereuten (denn was sollte ihre Reue, wo ihre Taten dastanden und nicht weggedacht noch aus der Welt geschafft werden konnten, da sie schon Folgen und abermals Folgen hatten und den Berg der menschlichen Verbrechen wachsen ließen) -, die Schuldigen wichen vor dem Richter zurück [...] Die begangene Schuld stand in der Welt, wer konnte sie aus der Welt schaffen. Mit Leiden konnte man es versuchen, mit Reue und Schmerzen konnte man Tag um Tag gegen sie anrennen, konnte diesen

Marmorblock beklopfen und kratzen – er blieb, er stand morgen und übermorgen wie heute da, wie er gestern gestanden hatte." (>Hamlet<, S. 320 f)

Damit wird ein Bogen geschlagen vom privaten Versagen, das zunächst dem Partner durch Manipulieren der neben ihm lebenden weicheren Persönlichkeit unterlaufen ist, zur allgemeinen Schuld, die in ihrer Tragweite so furchtbar („Verbrechen") angesetzt wird, dass Vergebung nach erfolgter Reue zu den menschlichen Illusionen gerechnet werden muss. Auch Alice kennt das Ausmaß einer im Bereich des Politischen liegenden Mitschuld, vermeidet es aber, hinsichtlich der Hamlet-Spurensuche Edwards vor ihrem Sohn ins Konkrete zu gehen. Dazu stellen Zwischenbemerkungen über die Absenz des Obergottes Zeus – welche weniger von der erzählenden Figur als stärker vom Autor selbst herkommen, so wie Döblin die Theodizee-Frage schon in >Die babylonische Wandrung< thematisiert hat – den Göttermythos zugleich als Phantasieprodukt einer vorchristlichen Zeit in Frage („Oh, wie gut, dass die Zeit dieser verbrecherischen Götter vorbei ist; wohl uns, dass ein Himmlischer gekommen ist und uns von ihnen befreit hat." >Hamlet<, S. 330), so dass das eigene Tun und Mittun an Bedeutungsschwere gewinnt, nun aber mit dem Hintergrund einer christlichen Vergebungschance. Diese bekommt für den Schluss des >Hamlet<-Romans sowohl hinsichtlich eines privaten Richtig-Erkennens des Ehepaares als auch für die soziale Gesinnung des Helden stärkstes Gewicht.

Auch die christliche Legende von der heiligen Theodora, welche Alice zu den Erzählungen der Familie beiträgt, ist von einer Doppelheit, die einerseits auf Selbsterklärung, andererseits auf Befreiung zielt, geprägt. Wie eine unter der Hörerschaft der Familie weilende alte Lehrerin namens Miss Virginia berichtet, habe Alice als frommes junges Mädchen ein byzantinisches Amulett mit dem Bildnis der Theodora besessen und diese als ihre persönliche Schutzheilige verehrt. Etwa 25 Jahre später greift die sich vom Ehemann unverstanden und missbraucht fühlende Alice auf die für ihre religiöse Orientierung bedeutsame Figur zurück, um mittels einer erweiterten Legende über das Leben und das Leiden dieser Heiligen ihr eigenes Hin- und Hergerissensein zwischen dem Ehemann Gordon und dem Geliebten Glenn allegorisch zu erläutern. Die in Alexandria beheimatete Theodora heiratet als unerfahrenes und fröhliches

Mädchen den ernsten und reifen Kaufmann Philippus, wird von dessen Freund, dem leichtlebigen Titus, umschwärmt und gibt nach dem vermeintlichen Tod des Ehemanns dem Drängen des Titus auf Verheiratung nach. Sie übernimmt dessen auf Luxus und Lustbarkeit bezogene Lebensweise, trachtet dem ersten Mann nach dessen Rückkehr zunächst nach dem Leben, versöhnt sich dann mit ihm, verlässt den nun verachteten oberflächlichen Titus und zieht sich dann zu Reue und Buße in ein fernes Kloster zurück.

Die vordergründige Schicht der Legende soll aus der Warte der direkten Erzählerin eine Parallele zur eigenen Eheproblematik und dem Spannungsverhältnis zwischen verantwortlicher Bindung und unreflektierten Triebbedürfnissen bilden. Diese Dialektik zwischen Ethik und Ausschweifung, zwischen entschiedener Freiheit und innerer Determiniertheit, zwischen Verpflichtung und Sehnsucht hat Döblin schon in den frühen Erzählungen und in den Romanen >Jagende Rosse< und >Manas< verarbeitet. Die Mutter Alice will ihrem Sohn eigentlich kaum verhüllt mitteilen, dass ihr Pflichtgefühl dem schrulligen Schriftsteller-Ehemann Gordon („Sie hätte eine Mission beim ihm." >Hamlet<, S. 299), ihr Herz jedoch dem Geliebten Glenn gehört habe. Im Vergleich zur Pluto-Proserpina-Göttersage wird an das Motiv von der unglücklichen Ehe [es sei hier auf Döblins Drama >Die Ehe<, das am 29.11.1930 wenig erfolgreich in den Münchner Kammerspielen uraufgeführt wurde, hingewiesen] eine Allegorie über die Motivation zum Ehebruch angelagert („Es ist mir beschieden, sagte sie, mich an diesem Manne zu versuchen. Ich soll nicht ausweichen [...] Entsetzliches hat der Ewige auf mich gelegt. Was habe ich verschuldet. Ich bin verurteilt, mich an ihn wegzuwerfen." >Hamlet<, S. 389). Alice entschuldigt den Hang zu ihrem Verehrer Glenn mit dessen Beharrlichkeit und ihrer eigenen Rationalisierung der erst später zutage tretenden Triebhaftigkeit als Pflichtgefühl, das sie auch gegenüber Gordon als das entscheidende Motiv ihres äußeren Verbleibens im Ehebund vorgeschützt hatte. Dem Menschen Alfred Döblin war die Ehebruchs-Thematik nicht fremd. Er selbst stand von 1921 bis 1945 in Freundschafts- und Liebesbeziehung zur 22 Jahre jüngeren Photographin Charlotte („Yolla") Niclas, später verh. Sachs, die nach der 1933 erfolgten Emigration in New York lebte.[106] Insofern ist das Phänomen eines Hindernisses für glückhafte

---

[106] Jochen Meyer in >Katalog des Schiller-Nationalmuseum<, S. 23

formelle Bindung in Gestalt naturhaften Ausschweifens, in welchem sich das Dilemma von Verantwortung und ungebundener Gefühlsseligkeit nochmals zeigt, Bestandteil der privaten Wirklichkeit des Autors. Auch das Bekenntnis zur Richtigkeit der ursprünglichen Entscheidung in Form einer liebenden Bestätigung des Ehebundes gehört sowohl dem >Hamlet<-Werk – in der Gestaltung des Wiederfindens der Allison-Eltern in Paris und des Philippus-Theodora-Paares in Alexandria in Alice's Legende – als auch dem Leben Döblins an, der im Verlauf der Jahre 1945 bis 1957 während der Schwierigkeiten um die Drucklegung seiner Werke, wegen seiner neuerlichen Auswanderung nach Paris und nach dem Auftreten des Parkinson-Leidens in engster Symbiose mit seiner Ehefrau Erna gelebt hat.[107] Eine andere Erzählintention Alice's bezweckt es, den Sohn Edward emotional gegen den angeblich schrecklichen Vergewaltiger und Verformer Gordon einzunehmen:

„Erbarmen, Edward? Für den Schwachen gibt es keines. Der Stärkere triumphiert. Es gibt nur Rache [...] Warum gingst du in den Krieg? Was, glaubst du, trieb dich weg? Hast du es schon heraus? Er hat dich verdorben, wie er mich verdorben hat." (>Hamlet<, S. 409 f)

Der Roman-Zusammenhang ist hierbei zwar nicht gewahrt, da Theodora die Bande zum Zweit-Ehemann schon zerrissen und sich büßend in Klausur begeben hat, doch soll über die Verbindung einer väterlichen Schuld gegenüber Frau und Sohn gleichermaßen die Anknüpfung zur politischen Problematik des Hamlet-Stoffes geleistet werden. Jedoch bleibt die wichtigste Frauengestalt des Romans vorwiegend einer egozentrischen Problematik, die aber ins Grundsätzliche zu Aussagen über die Natur des Menschen und seine eingeschränkte Kommunikationsfähigkeit erweitert ist, verpflichtet. Alice konnte wegen der erdrückenden Überlegenheit Gordons ihre feinen Anlagen nicht entfalten. Aber sie hat trotz früher Ahnung über eine derartige geistige und gefühlsmäßige Manipulation geheiratet, so kann sie nicht umhin, ihre Mitschuld am privaten Unglück einzugestehen. Deshalb ist sie zur Buße, die eine freiwillige Trennung von der Familie beinhaltet, bereit. Der Autor hat die beiden Männernamen der Legende den Paulus-Briefen des Neuen Testaments

---

[107] ebenda, S. 50-57

entnommen, so dass die Glaubenshaltung dieses christlichen Völker-Missionars assoziierend zur Deutung herangezogen werden muss. Mit dem Namen Paulus ist die Integration des Jüdischen und spezifisch Christlichen mit der griechischen Philosophie angesprochen, dazu das tiefe Bewusstsein um Schuld und Erlösungsbedürftigkeit. Ebenso wird in den Paulus-Briefen die Stabilität der Familie angemahnt, die aus dem Glauben an den Erlöser geleistet werden soll. Die Theodora-Legende weist auch hinsichtlich der christlichen Note des Romanschlusses einen Bezug zum Erzählganzen auf. Die Hauptfigur gehört der Überlieferung um die Gattin des Kaiser Theophilos an. Theodora hat im Jahr 842 die Regentschaft für ihren dreijährigen Sohn Michael III. ausgeübt, der sie nach 14 Jahren aufgrund der Intrigen ihres Bruders Bardas vom Thron stieß und zum Klosterleben verbannte.[108] Insofern steckt im historischen Kern der Legende sogar das übergreifende Hamlet-Motiv. In anderer Weise hat Theodora durch ihre Eigenständigkeit Berühmtheit erlangt, weil sie auf der Synode von Konstantinopel die aus der jüdischen Auffassung des 2. Gebotes herrührende Ächtung des Bilderkultes beenden ließ und die Verehrung des Kruzifixes und der Heiligendarstellungen wieder einführte. Deswegen steht die Leistung der heiligen Theodora motivisch mit dem für den >Hamlet<-Roman zentralen Bildnis-Problem in enger Verbindung. Alice macht sich eine fest umrissene Vorstellung von ihrem Ehemann, die nach der Dämonisierung Gordons im Mythos vom Gott Pluto nun auch die Idealisierung vom leidgeprüften (Philippus hat seit seiner dreijährigen Leidenszeit als Sklave eine entstellend rote Narbe quer über das Gesicht), vergebungsbereiten und unverbrüchlich liebenden Gatten umfasst. Sie suggeriert allerdings nach dieser Wendung in ein positives Bild innerhalb der ausgestalteten Legende ihrem Sohn noch einmal die negative Version in Gestalt einer Kriminalklamotte über seinen Vater, der eigentlich Charles mit richtigem Namen geheißen habe, als Sohn eines Fuhrunternehmers und Alkoholikers geboren worden und als Journalist mit der später ermordeten Gattenmörderin Hazel Crocker liiert gewesen sei. Gegenüber Edward intrigiert Alice unter Hinweis auf die Sublimierung ihrer Demütigungen durch den angeblich derben Angehörigen der Unterschicht, der es raffiniert verstanden habe, sie zum Weibe zu freien, mit der Vorstellung ihrer eigenen Missionarität;

---

[108] Artikel >Theodora<, in >Brockhaus-Enzyklopädie< Bd 22, S. 78

was den idealistisch denkenden Sohn wieder einmal für die Mutter und gegen den Vater einnimmt:

„Ich hatte das Gefühl, bei ihm eine Mission zu haben. Er kam ja auch deshalb zu mir. Es kam mir vor, ich könnte mich ihm nicht entziehen – ich müsste ihn retten." (>Hamlet<, S. 442).

Auch an diesen dichterisch ausgestalteten Sagenkern um die heilige Theodora fügt der Autor über seine erzählende Figur ein verfremdendes Erzählelement an, das die angeblich eine private Wirklichkeit unterstreichende Allegorie in Frage stellt. Der unmittelbare Zuhörer, also der in ödipale Mutterliebe und in Vaterhass verstrickte Edward, bemerkt diese Zerrüttung des vorher suggerierten Bildes von der frommen Büßerin Theodora nicht. Der Leser aber sollte vor einer erzählten Fiktion, die behauptet, dass die reuige Sünderin als Bruder Theodor ins Kloster eingetreten sei, eine Frau geschändet und ein Kind bekommen habe und dann als Heilige in den Himmel aufgefahren sei, zum Nachdenken kommen über die Fraglichkeit von angeblich historischer Faktizität, über die Subjektivität von Behauptungen eines Erzähler-Ichs und über die Schilderung von Beziehungen zwischen Menschen in engster Lebensgemeinschaft.

Sage und Legende haben für die Bildnis- und Substanz-Problematik eine Aussagekraft, die in der Adäquatheit der ausgewählten Motive liegt, sie stellen andererseits wegen ihrer eigenen Fiktionalität (bei nur vordergründiger Historizität) den ausgedrückten Wahrheitsgehalt zur Diskussion. Der Zweifel am gültigen Urteil über den an sich selbst und seiner unmittelbaren Umgebung leidenden Menschen wird unterstrichen durch Zusatz-Allegorien grotesker und schwankhafter Gestaltungsweise, so dass den Döblinschen Figuren kein Frieden im entspannten Verharren aufgrund der Verlässlichkeit eines Selbstbildes oder einer gültigen Charakterisierung der Lebenspartner geschenkt ist. Döblin setzt Substanzialität, Wahrnehmung und die Aussagen über Wahrnehmungsdeutung dem Zweifel aus mittels einer methodisch klar durchdachten Erzählkomposition, welche die Figuren und ihre Geschichten, die mit dem Hamlet-Hauptthema vernetzt sind, gegeneinander kontrastiert und nach den Versuchen aller, sich selbst zu erklären und den anderen zu raten, die verbildlichten Meinungen durch den Übergang ins Absurde auflöst. Am Ende bleibt jeder Gestalt nur die eigene Existenznot und ein Rest an Grundvertrauen in das Gute des Nächsten innerhalb der eigenen Familie, die am Romanschluss aus der Tiefe des eigenen Inneren, freigesetzt durch die Leiderfahrung der Familienzerstörung und den Schmerz der Ausgesetztheit und Isoliertheit (auch nach dem Misslingen von Betäubungsversuchen wie bei Alice), mit Hilfe des christlichen Glaubens (so Gordon und Alice) und der christlichen Solidarität mit der Gemeinschaft (so Edward) wieder zum Tragen kommen. Trotz allen Zweifels gibt es ganz am Schluss für Döblins Helden doch noch Substanz und richtiges Erkennen der Identität und des guten Willens der Familienmitglieder. Der erzählerische Aufbau und die erzählerische Zerstörung mittels der Vielfalt von Formen der Kleinepik, wie sie historisch am Anfang der Dichtkunst und semantisch an der Grenze zwischen Historizität und Fiktionalität vorzufinden sind, dienen der Erstellung einer Vorstellung vom nackten und deshalb echten Menschen, der durch Missverstehen und schuldhaftes Verhalten in Todesnot und Vereinzelung geraten ist und aus Kierkegaardscher Verzweiflung heraus nach christlicher Hoffnung und Haltung greift. Die Inhalte der vom Autor ausgewählten Beispiele aus den verschiedenen Einzelgattungen der Kleinepik sind auf die wesentliche Problematik der Hauptfiguren abgestimmt. Neben dem bei jeder Person sich anders zeigenden Ringen um die eigene Identität handelt es sich auch stets um Beziehungsprobleme zu den übrigen Familienmitgliedern. Es wird Verständigung gesucht, aber es geht ebenso um Beeinflussung und um Durchsetzung. Das Reden über das eigene Ich und über das spezifische Wollen geschieht in Andeutungen. Manches wird klar; vieles bleibt verhüllt, und die Figuren deuten sich falsch. Im Grunde wird diskutierend die Komplexität der menschlichen Psyche umkreist und das Sein und Streben der Mitglieder dieser Familie hinsichtlich Schuld und Eingebundenheit in ein vorgegebenes und nicht leicht zu durchbrechendes Gefüge abgetastet. Die Substanz der Hauptpersonen, das unverwechselbar Eigene und individuell Wahre, sitzt tiefer. Die Selbstäußerungen, die sich in Erzählungen verstecken, sind innerhalb der Architektur des verschachtelten Döblinschen Gestaltens Diskussionen eines Erzählers über die Schwierigkeit, das echte Selbst zu finden und dann so zu handeln, wie es gemäß den eigenen ethischen Ansprüchen erforderlich ist und wie es für einen innerfamiliären Umgang nötig wäre. Dann erst könnten Freiheit, Wahrheit, Individualität und Couragiertheit zum Durchbruch kommen.

Auf einer anderen Erzählebene wird das Generalthema der Kriegsschuldfrage diskutiert und der Bezug dieser Familie zum Zustandekommen gesellschaftlicher und internationaler Katastrophen und die versuchte Verhinderung des Aufwerfens und Beantwortens der Frage nach Verantwortung für Vergangenheit und Zukunft verhandelt. Dass die theoretische Diskussion über konkrete Kriegsschuld einzelner ergebnislos bleibt, bedeutet kein Patt der Standpunkte – vor allem zwischen den Kontrahenten Vater und Sohn-, sondern leitet die Erörterung über die an den Hürden zum eigenen Selbst gescheiterten Personen weiter zur These der Notwendigkeit des Leidens in der Isoliertheit und der Notwendigkeit, Schuld zu erkennen und Reue zu üben. So kommt über die psychologischen und ideologischen Fragen hinweg die existentialistische Auffassung hinzu, dass nicht das Reden, sondern das leidvolle Erleben zum reinen Selbst führe und dann erst den Weg zum Du ebne, woraus sich die Bejahung der christlichen Metaphysik und der christlichen Ethik einer hingabebereiten Jesus-Nachfolge ergibt. Die vom Autor gezielt eingesetzten Einzelgattungen der epischen Kleinformen sind in gewisser Hinsicht alle als märchenartig zu betrachten. Die Erzählform des Märchens steht einerseits für Phantasie und ermöglicht es, die Illusionarität von Selbstbildern, von Urteilen und von Zielsetzungen zu allegorisieren. Andererseits enthalten Märchen Kernelemente psychologischer Vorgänge beim Einzelnen während seines Reifens und Werdens und beim sozialen Durchsetzungsprozess innerhalb einer Familie, in der zwei verschiedene Geschlechter und unterschiedliche Wahrnehmungsweisen zugegen sind. Im Vortrag >Der Historische Roman und wir< hat sich Döblin überaus lobend über die essentiellen Gehalte dieser Gattung, vor allem der Volksmärchen, geäußert:

„Aber sogar noch hier, in der reinsten Dichtungsform, wird, wenn das Märchen nicht blöde und albern sein soll, ein gewisser klar durchscheinender Restbestand von Realität, eine echte Wirklichkeit und ihre Überlieferung gefordert. [Erg.: >Hänsel und Gretel<] Das Motiv der Kinder, ihr kindliches Verhalten, ihre einfachen Bewegungen, ihre Wünsche: das ist real. Die Begegnung mit bösen Menschen, die die Kinder verlocken und ihre Harmlosigkeit missbrauchen, das ist

real. Und als stummer, aber großer Hintergrund stehen unser eigener Wille und unser Gefühl da, womit wir uns in die Handlung einschalten und das Ganze mittragen helfen [...] Und damit schöpft die Handlung, die Erzählung, diese Form der Dichtung Realität aus uns selber. Am Märchen sehen wir noch besser als am Roman, der mit Wirklichkeitsresten vollgestopft ist, warum wir das ganze Genre schlucken und wollen [...] Der Roman ist die heutige Form des Märchens [...] Unser Realitätsanspruch schließt enorm viel ein, nicht nur eine physikalische und kausale Richtigkeit oder Möglichkeit, sondern auch eine politische, gesellschaftliche und psychologische Richtigkeit oder Möglichkeit.[109]

Aus dieser Poetik des Geschichtsromans geht hervor, dass Döblin den Anteil äußerer Realität – welcher aber notwendig ist und der konventionellen Vergangenheitsdeutung und ebenso der Gegenwartswahrnehmung der Leser entsprechen muss – geringer veranschlagt als den Gehalt an Psychologie, den er recht weit gefasst definiert. An der Wahl des Beispiels – Märchenhaftigkeit als signifikantes Merkmal eines gelungenen Geschichtsromans (!) – ist erkennbar, dass es dem Autor um die Reflexionen seiner Hauptpersonen zu tun ist, die über einschneidende historische Ereignisse nachsinnen und in den verschiedenen Schichten ihrer Persönlichkeiten unterschiedliche Wahrnehmungen vollziehen. Die innersten Gedanken und Gefühle der in ihr Umfeld eingebundenen Helden erscheinen ihm wichtiger als das geschichtliche Kolorit. Döblin interessiert sich vorwiegend für die Seele des Einzelnen und für den innerlichen Status einer Gesellschaft, so dass er die Psychologiehaltigkeit des Volksmärchens zum Gradmesser einer richtig gewählten Autor-Perspektive und einer wohlüberlegten Stoffgestaltung macht. Da das Erzählganze des >Hamlet<-Romans aber auf die Verhinderung des Krieges bezogen ist und die Beschreibung des gerade Edward betreffenden Kriegsschreckens das die kritischen Fragen auslösende historische Moment darstellt, muss die um Psychologie und Ethik herumkomponierte Fiktionalität, die zugleich die entscheidende Wirklichkeit des sich nach Frieden und Glück sehnenden Menschen darstellt, in eine von den Lesern als solche zu bestätigende äußere Faktizität eingebettet werden. Auf dieses zweite Fundament eines echten Geschichtsromans weist

---

[109] Alfred Döblin: >Der Historische Roman und wir<, in >Schriften zur Ästhetik<, S. 294 f

Döblin, der diese Gattung im Blick auf seine Erfahrung von Gegenwart stets bevorzugt hat, im selben Vortrag hin:

„Die Allgemeinheit, von der wir sprachen, kommt hauptsächlich gewissen Figuren und gewissen Vorgängen zu und zwar solchen, die im Vordergrund stehen und mit denen der Autor fabulieren und phantasieren will [...] Wenn im einfachen Roman also im allgemeinen eine Scheinrealität aufgebaut wird, so muss doch als Basis eine solide kontrollierbare Realität der gesellschaftlichen Umstände gegeben werden."[110]

3.3 Problematisierung des Autors

Im mehrschichtigen und gattungsreichen Werk >Hamlet oder Die lange Nacht nimmt ein Ende< gibt es einen Erzähler-Autor, der die komplexe Architektonik eines Romans, welcher der diskutierenden Fragestellung eines Dramas gewidmet ist und verschiedene Dramen- und Kleinepik-Muster in überlieferter und zusätzlich in grotesker Form enthält, entworfen hat. Daneben existiert ein figurierter Autor, Gordon Allison, der gewiss einen Teil Alfred Döblins bildet, aber auch eine Romangestalt darstellt, die im Bereich der Handlung angesiedelt ist. Döblins Problematisierung des eigenen Berufs und der eigenen Berufung zeigt sich zunächst – eingeschränkt und dichterisch verfremdet – im Verhalten und in der Produktion der literarischen Figur. Gordon ist innerhalb der Familie und vor der Öffentlichkeit ein sorgfältig durch Renommiertheit und Rollenverhalten abgeschirmtes Bollwerk, über dessen Mauern niemand in das wirkliche Innere vorstoßen kann. Er scheut die direkte Auseinandersetzung mit Edward, möchte seinen Sohn lieber im Krankhaus therapieren lassen und schottet sich gegen die offene Diskussion unter Hinweis auf seinen Eskapismus und seine Auffassung, dass Dichtung unverbindliches Phantasieren sei, ab. Der Erzähler des >Hamlet<-Romans unterstützt an einigen Stellen die Version, dass das Oberhaupt der Allison-Familie als fleischliches Denkmal seiner selbst zu Hause und vor der Leserschaft unantastbare Hofhaltung betreibe. Sein Erfolg hat sein Gehabe bestärkt; seine Texte, alles kurze sachliche oder fiktionale Schreibformen, sind nie auf Kritik gestoßen:

---

[110] ebenda, S. 297

„Er saß in seiner Bibliothek im ersten Stock, schwer, unbeweglich, ein fetter Mann, dieser angesehene Schriftsteller, der sich als Journalist, als Reiseberichterstatter, einen Ruf erworben hatte, dann durch Erzählungen, Humoresken, Kurzgeschichten, um die sich Verleger und Zeitungen rissen, reich geworden war." (>Hamlet<, S. 14)

Der Romanerzähler entdeckt aber hinter dieser Selbstpräsentation und dem von der Fachwelt geforderten Erscheinungsbild (das übrigens an Ernest Hemingway erinnert und damit auch die Gattung der Kurzgeschichte über den berühmtesten Autor der neueren amerikanischen Erzählform problematisiert) einen sensibleren Künstler, der Gefühl und Meinung sublim über die Verehrung von Michelangelos Sonetten zum Ausdruck bringt und seinen Sohn mittels der Variierung und Auswalzung einer Rittersage vor dessen Fixierungen warnen will. Gordons Identität erschöpft sich also nicht innerhalb seiner als unpolitisch und aufs Populäre abgestellten Produktion, wie sie dem Autor Alfred Döblin negativ erscheinen würde. Die Schriftsteller-Figur offenbart sich neben den Interessen für Liebeslyrik, dem Aufweis latenter väterlicher Sorge und auch der Demonstration der Beherrschung des burlesken Erzählmilieus, zudem am Romanende gegenüber Alice als liebender Gatte. Die gegen Gordon gerichteten Erzählstränge, die vorwiegend von Alice herrühren, stellen ihn zwar nicht als Schriftsteller, wohl aber als Privatmenschen in Frage. Die verborgene Innere Poetik deutet eine Dichtergestalt an, der weitaus mehr bewusst ist, als sie explizit zu erkennen gibt. Seine Wahrheit wird jedoch nicht im philosophischen Traktat oder in der wissenschaftlichen Prosa publik, sie bevorzugt die allegorische Form, aus der in knappen `auktorialen´ Einschüben nicht-fiktionale Aussagen über Dichterberuf und Dichterbotschaft zutage treten. Bevor Gordon die Swinburne-Vorlage über den Minnelied-Dichter Jaufie in die Breite und ins Burleske zieht, macht er andeutend seinen Sohn auf die fehlende Deckungsgleichheit von Vorstellung und Realität aufmerksam:

„In den Büchern kannst du nichts über Jaufie finden. Aber man kann seinen Kopf anstrengen, und der Mensch von damals ist derselbe wie der von heute. Man kann sich ein Bild davon machen, wie jene Dinge verlaufen sind, welche die romantische Ballade vom Troubadour Jaufie und seiner Prinzessin reflektiert." (>Hamlet<, S. 47)

Neben der Bildnis-Problematik kommt die Manipulationsmacht von Dichtung und Nachrichtenverbreitung zur Sprache:

„Welchen Glanz brachte der Gesang seinem Namen, und auch, wie interessant und gefürchtet konnte man werden, denn solch Sängerritter, der mit Knappen und Jungbauern von Burg zu Burg zog und im Mittelpunkt von Festen stand, kolportierte Nachrichten und verteilte Ehren. Er war Schriftsteller, Poet und wandernde Presse." (>Hamlet<, S. 62)

Mit einer solchen unauffällig in die erzählte Groteske eingeschobenen Bemerkung wird sogar der Objektivitätscharakter der Übermittlung von Fakten in Zweifel gezogen. Was überhaupt – egal, ob vom Dichter oder vom Wissenschaftler oder vom Redakteur – formuliert wird, erscheint als potentiell unwahr, tendenziös gefärbt oder zwecks egoistischer Vorteilsnahme zurechtgetrimmt. Gordon lässt sogar anklingen, dass nicht das geringste Körnchen historischer Wahrheit hinter Erzählwerken steht, die in angeblicher Beziehung auf nachweisbare Personen und Vorgänge geschaffen wurden:

„Der Reiz bei seiner Werbung lag ja eben darin, dass sie einer völlig Unbekannten, möglicherweise gar nicht Vorhandenen galt. Das ist der Gipfel der Poesie und der Höhepunkt des bisher erreichten Liebesempfindens. Wunderbar, so völlig abstrakt, gegenstandslos zu lieben." (>Hamlet<, S. 106)

Neben dieser aufklärerischen Linie, die vor der Verwechslung des geschriebenen Wortes mit der nicht adäquat fassbaren Tatsächlichkeit warnt, kennt Gordon – wie es schon bezüglich seiner Michelangelo-Verehrung sichtbar geworden ist – die Existenz einer tieferen Schicht im Menschen, die einen normativen Verpflichtungsgrad beinhaltet, weil Identität und ethische Zielsetzung zusammenfallen. Damit gibt Gordon seinem Sohn in allgemeiner Weise sogar Recht, ohne dass ein Bezug zur Suche nach Kriegsschuldigen hergestellt wird.

„Versteh, was die ganze lange Jaufie-Geschichte sagt: Die Menschen tun nicht, was sie wollen, und nicht, was aus ihrem echten Inneren kommt – sie folgen resolut nicht ihrem Interesse. Sie werten ihre Antriebe, die wirklichen natürlichen, nicht hoch und verschreiben sich der Phantasie." (>Hamlet<, S. 153)

Der Dichter Gordon Allison vertritt also nur innerhalb einer Schaffens- und Persönlichkeitsebene, die auf Selbsterhaltung und Tarnung abgestellt ist, die Ideologien von Illusionismus und Nihilismus. In den wenigen Situationen, in welchen er ganz ernstlich in voller Verantwortung vor einem konkreten Menschen steht (gegenüber Edward nach der Jaufie-Erzählung, gegenüber Alice erst vor seinem Tod), bekennt er sich zur christlich-existentialistischen Haltung der Verpflichtung zu ethischen Bindungen, die aus dem Selbst ins Bewusstsein treten und Sein und Sollen identisch werden lassen. Döblin hat unter den Kurzgeschichten seines fiktiven Autors Gordon nicht zufällig eine ʻherausgegriffenʼ, also selbst erfunden, die ihm symptomatisch für diese ungleichgewichtige Doppelnatur erschienen ist. Lord Crenshaw ist ein Entwurzelter, ein Mensch ohne Herkunft und Ziel, und doch steht er – unbeeinflussbar von der Gesellschaft – zu seinem Ich und zieht sich im günstigen Augenblick aus der Analyse-Situation zurück, um als Anonymus (mit ʻgeraubterʼ Frau) sein Leben weiterzuführen. Auch Edward trifft auf die beiden Seiten seines Schriftsteller-Vaters, die tiefere wird ihm freilich erst nach der abrupten Trennung und dem Durchschauen der Mutter offenbar. Er ahnt, dass durchaus Substantialität hinter dem abschottenden Gehabe seines Vaters steckt:

„Ich kenne Vaters Geschichte von dem Lord Crenshaw, der sein Ich nicht findet. Er findet sein wirkliches Ich nicht, er sucht, aber zwischendurch hat er doch eins." (>Hamlet<, S. 155)

Der Autor Döblin verwirft diesen eskapierenden Autor nicht. Gordon repräsentiert nicht die englische Literatur, die keinen Anlass zum Verschweigen von Kriegsursachen gehabt hätte, sondern die bessere Seite einer Literatur der Inneren Emigration und die von der jungen Bundesrepublik unter amerikanischer Anleitung übernommene Gattung der Kurzgeschichte, welche aus der Erschütterung heraus existenzielle Themen in den Mittelpunkt ihrer anrisshaften, knappen Erzählweise gestellt hat.

Inwieweit bilden nun bestimmte signifikante Merkmale des erdichteten Autors Wesenszüge des Werkautors Döblin ab, so dass über die Gestalt Gordons Authentisches greifbar werden kann? Döblin und Gordon weisen mehrere Gemeinsamkeiten auf: Döblin hat sich etwa ein Jahrzehnt der Erzählgattung `Novelle´ gewidmet und sich parallel dazu – die Herausgabe des >Wang-lun< liegt in der Mitte dieser Jahre – und in den folgenden vier Jahrzehnten mit der Gattung `Geschichtsroman´ befasst. Da seine großen und kleinen Essays auf diese Erzählgattung ausgerichtet sind, darf angenommen werden, dass er die Phase seiner Novellenproduktion als Vorstufe für seine noch wichtigere Berufung als Romandichter begriffen hat. Seine Geschichtsromane stellen im Kern Zeitromane mit stark gesellschaftskritischer Valenz dar, so dass er Dichtertum als vertieftes und breit angelegtes Analysieren der deutschen und europäischen Gesellschaft des 20. Jahrhunderts versteht, wie es von einer epischen Kleinform nicht geleistet werden kann. Döblin hat sich – in der Optik seines Rückblicks – vom konkreten politischen Kampf während der ablaufenden bedeutsamen historischen Vorgänge ferngehalten (November-Revolution 1918 und Rechtsextremismus bis zur so genannten Machtübernahme). So gestaltet er im Eskapismus Gordons einen – übrigens unberechtigten – Selbstvorwurf gegen sein eigenes Verhalten als Schriftsteller, durch Allegorisierung oder Kaum-Thematisierung an bestimmten Nahtstellen deutscher Politik zu wenig präsent gewesen zu sein. Dem Aufsatz >Abschied und Wiederkehr< vom 22.2.1946 in der >Badischen Zeitung< sind einige selbstkritische Andeutungen zu entnehmen. In diesem biographisch und literaturkritisch orientierten Artikel distanziert sich Döblin – nach Exilerfahrung und in Kenntnis der Gräuel des Dritten Reichs – von der satirischen Erzählhaltung der >Babylonischen Wandrung<:

„In jener >Babylonischen Wandrung< lacht der entthronte Gott, nimmt mit Hochgenuss die als Strafe erdachte Veränderung auf sich und geht ungebrochen, eine einzige Heiterkeit und Lebensfreude, seines Wegs. Dieser Gott war ich – nicht. Ich erfuhr es langsam, teils allmählich, teils ruckweise [...] Dostojewski, Voltaire, einige Religionsstifter und Helden waren Führer. Goethe war nur Goethe. Vorwürfe wurden ihm deshalb schon zu seinen Lebzeiten gemacht. Es ist Unrecht, wenn sich niemand um die Führerschaft kümmert, besonders der dem sie zusteht. Es gibt zweierlei Führerschaft. Eine Zeit, die unter verrotteten Einrichtungen leidet, ist geneigt, den Kampf gegen die verrotteten Einrichtungen für den wichtigsten, für allein wichtig zu halten. Es gibt noch etwas, das langsamer als Einrichtungen ist, sich aber auch verändert und gepflegt werden muss: die menschliche Artung selbst, - Vorstellungen, Antriebe,

Gefühlsweisen. Hier ist der Boden einer zweiten, viel selteneren Führerschaft.[111]

Der Aufsatz >Goethe und Dostojewski< unterstreicht den moralischen Anspruch tiefschürfender Literatur, der 1949 psychologisch und tendenziös-eingreifend künstlerisch verwirklicht werden muss. Döblin geht aber nach dem Zweiten Weltkrieg zu hart mit sich selbst ins Gericht – trotz aller stets stark auf das Politische zentrierten Erzähltendenz war und ist er `nur´ Künstler, mit allen Vor- und Nachteilen: Er hat sich mit Sprache, literarischen Bildern und mit eher philosophisch ausgerichteten Ansprüchen an die Gesellschaft befasst und war vielfach durch Leserbriefe und zivilisationskritische Essays an die Öffentlichkeit getreten. Er braucht sich eigentlich keine Vorwürfe zu machen, nicht aktiver Rotgardist oder Widerstandskämpfer gewesen zu sein. Aus Döblins Gordon-Gestaltung geht allerdings hervor, dass er im Bewusstsein des Erfahrungs- und Leidenspotentials der Jahre seit 1933 in der Rückschau eine massivere und deutlicher fassbare Gegenwartskritik betreiben würde. Er hat sich während gewaltiger Umbrüche der Gesellschaft als bürgerlicher Deutscher gefühlt und klagt sich – Jahrzehnte später, das Desaster vor Augen – wegen seiner Identität und seines Verhaltens als überleben wollender Intellektueller über den Eskapismus seines figurierten Autors selber an.

In Beziehung zu Döblins Biographie steht ferner die Vater-Sohn-Konstellation des >Hamlet<-Romans. Döblin hing sehr an seinem 1915 geborenen Sohn Wolfgang, der sein Mathematikstudium mit der Promotion an der Pariser Sorbonne-Universität abgeschlossen hatte und am 21.6.1940 als französischer Soldat im Kampf gegen deutsche Truppen gefallen war. Die genaueren Umstände dieses Todes, den Selbstmord Wolfgangs aus Furcht vor grausamer Tötung, weil er als gebürtiger Deutscher für den Feind gekämpft hat, erfährt Döblin erst 1945 durch den Brief einer Studienkollegin Wolfgangs.[112] Die tief empfundene Tragik über das frühe und hilflose Ableben seines Sohnes war Anlass für den letzten Wunsch des Vaters, nach seinem Tod an der Seite des Sohnes beigesetzt zu werden, was am 28.6.1957 im vogesischen Housseras, dem Todesort Wolfgangs, wie angeordnet,

---

[111] Alfred Döblin: >Abschied und Wiederkehr< u. >Goethe und Dostojewski<, in >Die Zeitlupe<, S. 207 u. 218
[112] Jochen Meyer: >Alfred Döblin<, Katalog des Schiller-Nationalmuseums, S. 46

stattfand. Döblin, im Grunde seines Herzens Pazifist, verarbeitet in der Psyche seiner Autoren-Figur Gordon ein zutiefst eigenes Problem: Er musste schon aus Dank gegenüber der ihm hilfsbereit gegenüberstehenden französischen Regierung und wegen der Gegnerschaft eines verfolgten Juden zum deutschen Naziregime sich als Patriot für die rettende und verteidigende Nation erweisen; was zur Folge hatte, dass der als Franzose naturalisierte Sohn in französischer Uniform kämpfen und in auswegloser Zwangslage sein Leben hingeben musste. In Gordon spiegelt sich diese Doppelheit der politischen Gesinnung in Form eines verdeckten Verständnisses für die Anklage der geopferten Jugend und in Form eines offenen Bekenntnisses für die Vernunftentscheidung, aus der heraus der Verteidigungskampf gegen einen brutal agierenden Feind gebilligt werden musste.

Die Variabilität der Erzählerposition in Döblins Roman bedingt es, dass sogar in der Gestalt der Alice, die sich zunächst als Kontrahentin, dann als einzig geliebte Partnerin Gordons im Tod und über den Tod hinaus erweist, biographische Bezüge zum Autor nachweisbar sind, mittels derer er seine private Problematik unverkennbar allegorisiert. Ein viertel Jahrhundert lang (Anfang 1921 bis Oktober 1945) war Döblin mit Yolla Niclas in einem Liebes- und Freundschaftsverhältnis liiert, so dass die Hin- und Hergerissenheit zwischen der Geliebten (und überhaupt die Ehebruchs- und Geschlechter-Problematik) und der Ehefrau Erna, mit der er innerlich seit der schwierigen Flucht durch Frankreich 1940, im ärmlichen kalifornischen Exil und erst recht während der Isoliertheit nach der Rückkehr und während des erneuten Exils in Frankreich und schließlich mit Beginn seiner Pflegebedürftigkeit ab 1954 (Parkinson-Syndrom, Gehirnsklerose, Nachlassen des Sehvermögens) wieder auf das Engste verbunden wurde, in der Lebensproblematik Alices und in ihren eigenen Allegorisierungen erzählerisch verbildlicht ist. Dr. Erna Döblin hat wegen der medizinischen Karriere ihres Mannes, wegen der sechsköpfigen Familie und wegen des Dichterberufes ihres Ehemannes auf eigene Verwirklichung außerhalb der Familie verzichtet, das außereheliche Liebesverhältnis ihres Mannes still geduldet und sich nach 1945 selbstlos an die Seite ihres gegen Unbelehrbarkeit kämpfenden Ehepartners gestellt und diese treue Solidarität zuletzt mit ihrem Freitod, drei Monate nach Alfred Döblins

Ableben, bekundet. Die Figur der Alice enthält sowohl Typisches von Frau Erna (im Roman wird Alice sogar als Dichter-Talent vorgestellt, bevor sie wegen des berühmten Gordon auf weitere Entfaltung ihres Talents verzichtete: So bekundet Miss Virginia: „Sie war wirklich begabt. Sie konnte – oh, zeichnen, dichten, singen; aber besonders tanzen. Ich erinnere mich auch ihrer Gedichte. Ich glaube, einige wurden gedruckt, in Sonntagsblättern […] Sie war das Wunderkind der Familie." >Hamlet<, S. 296) als auch von Alfred Döblin selbst (im Stilmittel des Tausches von männlicher und weiblicher Identität), indem die Phänomene Unterdrückung/Opferbereitschaft und eheliche Bindung/sexuelle Freiheit ihr ganzes Leben und Streben beherrschen. Dichterexistenz wird dabei auch mittels der Darstellung menschlicher Schwächen und menschlicher Leistung zum Leitthema erhoben. Vermutlich hat der älter gewordene Autor in die Reue Alices sogar sein persönliches Bedauern darüber, dass die Konzentration auf sein Liebesverhältnis mit Yolla Niclas größeres Engagement in Sachen Politik und Familie verhindert habe, hineingelegt:

„Meine Gedanken kamen von ihm nicht los. Ich hätte meine Augen von ihm wegreißen sollen. Ich hätte mein Herz von ihm ablösen sollen. Ich hätte meinen Gedanken verbieten müssen, zu ihm zu wandern." (>Hamlet<, S. 552)

Im Gespräch mit seinem Schwager Prof. Mackenzie betont der fiktionale Autor Gordon den seine gesamte Ideologie beherrschenden Gedanken, dass Trugbilder die unvoreingenommene Erfassung der Wirklichkeit behinderten:

„Es ist meine Überzeugung, ich habe sie schon zu dir ausgesprochen, dass unsere Gedanken wie ein eiserner Vorhang zwischen uns und die Wirklichkeit legen. Wir nähern uns mit unseren Gedanken, die so wild auf die Dinge zustoßen, der Wirklichkeit nicht. Wir entfernen uns nur von ihr. Wir sperren uns selbst ein. Wir bewegen uns zwischen lauter Schemen." (>Hamlet<, S. 538)

Es ist verwunderlich, dass ein Schriftsteller, dessen wichtigstes Arbeitsmittel schließlich die Imagination ist, zumindest in der sprachlich-geistigen Erfassung der Realität, dieser Haupteigenschaft des schreibenden oder sprechenden Künstlers misstraut. Dahinter steckt eine mehrgliedrige Absicht des Autors. Zum einen soll vor einfachen Schuldzuweisungen in der Frage nach der Kriegsursache gewarnt werden, zum anderen kommt der tief greifende Zweifel Döblins an den Möglichkeiten des Dichters zum Ausdruck, eine Verbesserung am geistig-seelischen Status einer Gesellschaft – insbesondere derjenigen im Nachkriegs-Deutschland – bewirken zu können. Innerhalb des Romans äußert sich dieser Pessimismus gegenüber der Wirkmacht des dichterischen Wortes durch die Rückführung der Hauptpersonen auf die elementare Not der menschlichen Kreatur in der Verzweiflungssituation. Der erdichtete Autor wird erst im Sterben wieder ein offener Mensch und liebender Gatte, desgleichen bemerkt Alice erst nach der Zerstörung der Familie und nach dem Ausleben ihrer Umtriebigkeit die narzisstische Fixiertheit in Phantasiegebäude. Ebenso stellt sich Edward nicht mehr gegen die anderen mit Vorwürfen bezüglich Verschweigen und Eskapismus, sondern orientiert sich in sozialer Aktivität nach vorne. Der Roman – und mit ihm sein Autor – hebt die Kierkegaardsche Betroffenheit und die demütige menschliche Haltung in dezidierter Christlichkeit am Ende über die dichterische Wortkunst! Diese Intention des Hamlet-Autors ist durch die politischen Erfahrungen Döblins in Deutschland zwischen 1945 und 1953 bedingt. Das Journal 1952/1953 gibt Kunde vom Resignationsprozess eines nie ganz optimistischen Dichters und von einem ursprünglich unverdrossenen Aufklärer, der an Umerziehung geglaubt hat:

„Die Aktionsformel, die ich von draußen heimbrachte, lautete: Der Nazi, mit Hitler an der Spitze, presste einen fremdartigen bösartigen Fleischkörper ins deutsche Fleisch, eine Krebsgeschwulst. Hitler hatte mit Lug, List und Gewalt Deutschland zersetzt, wie später die Tschechoslowakei und andere Länder. Freilich, was den Antisemitismus anlangt, so war er eine trübe Selbstverständlichkeit im Lande. In den sieben Jahren, die ich nun, aus Amerika zurück, zubrachte, habe ich einige dazugelernt. Ich sah, dieser Mann und seine Clique waren die Konzentration eines zu Deutschland gehörigen Geistes und Willens. Dass es dazu gekommen ist, war ihm seit 1933 gelungen. Man kann also schwer über ihn urteilen, ohne zugleich über Deutschland zu urteilen. Sein Wille und sein Geist erfassten keineswegs das Volk in all seinen schrecklichen Tiefen, es gab Gruppen, die nicht davon erfasst wurden. Diese Guten und Besseren, von der Manie nicht erfassten oder wenig Berührten, zu schwach,

Widerstand zu leisten, hielten immerhin an vielen Stellen die Infiltration auf. "113

Vor dem endgültigen Abschluss des Hamlet-Romans äußert sich Döblin enttäuscht über seine vergebliche dichterische und erzieherische Anstrengung in einem Abschiedsbrief an seinen ehemaligen Stellvertreter im Vorsitz des Schutzverbandes Deutscher Schriftsteller und nunmehrigen Bundespräsidenten Theodor Heuss vor seiner neuerlichen Emigration nach Frankreich Ende April 1953:

„Ich kann nach den sieben Jahren, jetzt, wo ich mein Domizil in Deutschland wieder aufgebe, mir resümieren: Es war ein lehrreicher Besuch, aber ich bin in diesem Lande, in dem ich und meine Eltern geboren sind, überflüssig [...] und dass jetzt bei der Jahreswende der Herder-Verlag mit mitteilt: 'Ihre Sachen bleiben bei uns liegen, wir können Ihrem Werke keine Heimat bieten.' Ich habe es schon lange gemerkt. Ich kenne den politischen Wind, der da weht. "114

Diese Ahnung – wohl selbst Bestandteil dichterischer Begabung – war als Grundzug des Zweifels schon 1945 bis 1946 in den Hamlet-Roman eingeflossen und ist vor der Überarbeitung 1956 zur Gewissheit geworden. Dieses Haltmachen angesichts einer weitgehenden Unverbesserbarkeit des Menschen und vor den vom einzelnen Bürger weitgehend schuldhaft mit verursachten staatlichen Strukturen – wodurch Alfred Döblin der milderen These Thomas Manns in dessen >Doktor Faustus< aus dem Jahr 1947 deutlich widerspricht - ist als Döblins Wu-Wei-Topos aus dem >Wang-lun<-Roman zugegen. Nicht der figurierte Schriftsteller kann die Weisheit, dass das Heil erst im Jenseits zur Ausfaltung gelangen kann, ausdrücken, sondern der Orientalist und Geisteswissenschaftler in der Allison-Familie, Prof. Mackenzie, muss den Weltpessimismus der buddhistischen Religion formulieren:

„Es gibt ein Reich, wo weder Erde noch Wasser, weder Feuer noch Licht ist, weder diese Welt noch eine Welt, weder Sonne noch Mond. Das nenne ich weder Kommen noch Bleiben noch Untergehen noch Wiedergeborenwerden. Es ist ohne Stütze, ohne Entwicklung, ohne Gegenstände. Das ist das Ende des Leidens. " (>Hamlet<, S. 460)

---

113 Alfred Döblin: >Journal 1952/1953<, in >Autobiographische Schriften<, S. 493
114 Alfred Döblin an Theodor Heuss, in >Katalog des Schiller-Nationalmuseums<, S. 497, Brief v. 28.4.1953

Freilich überhöht der Autor ganz am Ende des Werkes die informative Rede des Wissenschaftlers vom Nirwana durch die personale Jenseitshoffnung und die Hingabebereitschaft der christlichen Überzeugung. Keinem Nihilismus und keinem unverbindlichen Vergehen gehört das letzte Wort des Buches, sondern nur einem tiefsitzenden Skeptizismus gegenüber dem Schaffen des Literaten. Eine volle Resignation ist schon dadurch widerlegt, dass nur der fiktionale Autor ins literarisch Unverbindliche geflüchtet und gegen Romanende verstorben ist. Der eigentliche Werk-Organisator hat sehr wohl seine literarische Aussage von der Bedeutsamkeit der Leiderfahrung und einer existenzialistischen Daseinsauffassung in einer geschlossenen Form zur Mitteilung gebracht. Es finden sich im Bereich von Döblins kunstästhetischen Schriften mehrere Belege seines im Grunde stets vorhandenen Glaubens an die von ihm als eine moralische Pflicht empfundene Notwendigkeit des Schreibens, selbst wenn keine unmittelbaren Erfolge zu verzeichnen sind. Kurz vor Abschluss der zweiten Fassung des >Hamlet<-Romans ist er noch der Überzeugung, einen optimistischen Schluss konzipiert zu haben, weil sein Held froh den von ihm ausgesuchten altruistischen Beitrag für eine bessere Welt leistet:

„Es ist kein Grund anzunehmen, dass er sich von der Welt abwendet und dass er verzagt und Pessimist wird. Im Gegenteil: jetzt in ihm ein ungewohnter glücklicher und freudiger Ton, jetzt auch in ihm, gerade aus Ehrfurcht gegen die beiden Toten, ein Wille zur Aktivität. Er wird weltoffen."[115]

Der gründliche Essay des Jahres 1947 zum Thema >Die Literarische Situation< zeitigt den gleichen vorsichtigen Optimismus gegenüber der Arbeit des Schriftstellers, die allerdings einige Bedingungen an eine wirksame Literatur zur Voraussetzung hat:

„Was den Autoren not tut, ist die Besinnung darauf, was sie eigentlich mit ihrem Denken, Dichten und Schreiben meinen. Die Zeit wirft sich mit ganzer Wucht auf sie und presst sie zu dieser Frage. Im Augenblick liegt eine schwere Lähmung, als Nachwirkung der aushöhlenden Diktatur, wie über allen so über ihnen, Katzenjammer nach dem Delirium [...] Man hat ohne Aufdringlichkeit und Lärm an die Stelle der langsam ablassenden Wahnvorstellungen die alten

---

[115] Jochen Meyer in >Katalog des Schiller-Nationalmuseums<, S. 489

und echten Ideen der Zivilisation zu schieben und ihre Kraft zu entwickeln (man kann auf sie vertrauen). Es sind Ideen, die ebenso zum Geistesschatz der Deutschen wie zu dem des Auslandes gehören. So werden an die Stelle der aggressiven Ideen der Pangermanisten die der besten Deutschen gesetzt. Ja, es sind Ideen, die auch bei den Deutschen beheimatet sind, denn sie stammen aus dem klassischen Erbe und dem Christentum und wurden in diesem Land auf besondere Weise neu produziert."[116]

In den Reflexionen des Autors über die Erziehungsfähigkeit der von Krieg und Diktatur geschädigten Deutschen und über die Beschaffenheit einer Literatur, die vor der immensen Aufgabe steht, das verkehrte Denken der Menschen umzukrempeln und auf die Basis des klassischen und humanistischen Erbes zu stellen, halten sich im Spätwerk Döblins letztlich Zweifel und Hoffnung die Waage. Das komplizierte ästhetische Konstrukt des >Hamlet<- Romans ist strukturell von dieser Polarität geprägt, die aus der politischen Analyse Döblins über den Zeitgeist in Deutschland nach 1945 stammt und ihn neu leiden macht. Obwohl er vor dem mörderischen Nazismus hatte fliehen müssen, bringt er doch auch noch die innere Größe auf, darin plötzlich wieder ähnlich dem von ihm abgelehnten Thomas Mann, zwischen dem aufoktroyierten System und den deutschen Menschen an sich zu unterscheiden – wobei er bereits Zugeständnisse an seine selbst gesetzte Aufgabe tätigt -, und will über echte Dichtung den deutschen Menschen erneuern helfen. Er glaubt, dass für Deutschland eine geistige ʼArznei' nötig sei und dass wirtschaftliche Erholung allein an der Oberfläche verbliebe:

„Was kann geschehen? Kann hier mit geistigen Mitteln etwas geschehen? Es gibt eine Auffassung, die das strikte verneint. Sie sagt, man kann der Literatur nicht von der Literatur aus helfen, es müsse erst eine wirtschaftliche Erholung stattfinden, auch eine politische. In ihrem Gefolge werde sich automatisch die Literatur wieder erheben. Mir scheint, man verwechselt hier Geistig-Moralisches mit Bücherproduktion."[117]

Sein ausgeprägt christlich-moralischer Impetus, entgegen subtiler Realitätswahrnehmung die Überlebenden des Dritten Reiches auch als Geschädigte und für Umerziehbarkeit Befähigte zu betrachten, weil es

---

[116] Alfred Döblin: >Die Literarische Situation<, in >Schriften zur Ästhetik<, S. 447 u. S. 455 f
[117] Alfred Döblin: >Die Literarische Situation<, in >Schriften zur Ästhetik<, S. 446

mit Krieg, Rassismus und Imperialismus auf der Welt nicht weitergehen könne, führt ihn zu einer Romankonzeption, welche die Gestaltung der Resignation und des Neuwerdens zugleich unternimmt. Sein ethischer Wille zugunsten einer besseren Gesellschaft gewinnt die Oberhand über sein Realitätsempfinden und über seinen Weltpessimismus. Der Christ Döblin siegt über den Realpolitiker und Menschenkenner Döblin! Von seinen Romanfiguren werden Fragen an den Menschen und die Verhältnisse aufgeworfen und Antworten erteilt, die sich wiederum als unzureichend erweisen. Aus dem privaten Erleben erwächst eine Gläubigkeit, die von Schuld und Rache Abstand nimmt und eine Problemlösung in Hoffnung auf Glück im Jenseits und sogar auf Solidarität im Diesseits zulässt. Döblin versteht sich als zurück gekehrter deutscher Literat, der seine schrecklich aus der Bahn geworfenen Landsleute durchaus auch aufrichten und friedens- und kulturfähig machen will. Daneben ist seine Nachkriegs-Identität von der Distanziertheit eines mit Ausgrenzung, Werk-Missachtung und Verfolgung bedachten Angehörigen des jüdischen Volkes geprägt, die sich nicht verdrängen lässt, so dass er auch wie von Fremden – denn seine Landsleute sind ihm fremd geworden und haben ihn zum Fremden gemacht – von ˋden Deutschenˊ sprechen muss. Diese integrierte Zerrissenheit veranlasst den Autor, christliche Vergebung und christlichen Neubeginn im Zusammenhang mit durchaus noch starken Vorbehalten gegen Volksart und Falscherziehung durch schlechte Staatssysteme zu formulieren:

„Wenn vor die Deutschen, wie man es nach 1918 getan hat, die demokratischen Ideen und die Vorstellungen anderer Länder ausgebreitet werden, und wenn man ihnen die entsprechenden Einrichtungen übermittelt, so werden sie diese importierten Dinge loben und sich auch an ihnen versuchen. Werden sie sie aber akzeptieren? Werden die importierten Dinge imstande sein, die vorhandene Substanz auszudrücken, in dem Zustand, in dem sie sich jetzt befindet? Es geht darum: sich die Vorstellungen und Einrichtungen so einzuverleiben, dass sie die eigenen werden, und dass sie den Menschen des Volkes derartig repräsentieren, dass er bereit ist, sie als eigene Vorstellungen und Einrichtungen zu verteidigen."[118]

---

[118] ebenda, S. 458

Die Spannung zwischen rationalem Misstrauen und ethischem Auftragsbewusstsein (das untrennbar zu seiner christlichen Religiosität gehört, vermutlich schon lange vor seiner Konversion zum katholischen Glauben) veranlasst den Autor, die gesamte Palette dichterischer Äußerungsformen von der Frühzeit bis zur Gegenwart heranzuziehen, um diese Dialektik zu gestalten. Die Schwächen des Menschen, die Gefahr, in das Archaische zurückzufallen, sind dem Autor stets gewärtig; dazu die Eingebundenheit des Bürgers in eine manchmal übermächtige Gesellschaftsordnung, aus der niemand so einfach austreten kann. Dazu kommen das Wissen um die Unsicherheit der vielfältigen situations- und individualitätsabhängigen Stellungnahmen und letztlich der Eindruck von der Fraglichkeit der menschlichen Erkenntnis überhaupt:

„Es offenbarte sich die Gesellschaft, ihre Heimat, ihr Haus, ihre Vergangenheit – waren sie es? Die Schulen, die sie besucht hatten, die Eltern, die sie verzärtelt oder vernachlässigt hatten, die Kämpfe, die sie geführt hatten, um sich durchzusetzen, und was sie erreichten und nicht erreichten. Auf ihnen lasteten die Kostüme von Jahrtausenden, Jahrhunderten, Jahrzehnten. So schwach jeder einzelne war, er trug seine Last. Es lag auf ihnen. Sie hatten damit fertig zu werden. Wieviel war Kostüm, wieviel waren sie?" (>Hamlet<, S. 398)

Der Komplexität der erzieherischen Aufgabe bei faktisch doch sehr eingeschränkter Erziehungsfähigkeit entspricht die künstlerische Struktur des >Hamlet<-Romans. Der Autor problematisiert den Dichterberuf auch durch die Anlage des Gesamtwerkes und durch seine ambivalente Stellungnahme bezüglich der Überwindung des Kriegsleides. Das Erzählen der Geschichten bringt noch nicht Licht in das Dunkel, wohl aber die Leiderfahrung nach der Zerstörung der Familie. Die Kapitulation der Dichtung und das Scheitern der ursprünglich unter ärztlicher Aufsicht geplanten Therapie des Kriegsbeschädigten wird uns aber von einem Dichter mitgeteilt. Ein Sprachkünstler ist es, der den Leser durch die leidvolle Welt der Vereinzelung der Figuren führt, bevor sie neuen Halt durch den erlittenen Glauben gewinnen. Deshalb endet die artifizielle Komposition des gattungsübergreifenden >Hamlet<-Romans nicht mit dem Äquivalent von Pessimismus und Optimismus, sondern mit dem indirekten Aufweis der Berechtigung des sinnstiftenden dichterischen Wortes! Döblins erzieherische Zielsetzung im Nachkriegsdeutschland zeigt die Anspannung und auch die Belastung der bisher zur Verfügung stehenden künstlerischen Mittel im Unternehmen, Neues durch hierarchische und reihende Anordnung von Tradiertem zu schaffen. Auch darin kommt In-Frage-Stellen des Dichters zum Ausdruck. Doch die Größe des Problems rechtfertigt neuartige Erzählkonstrukte. Ein Literat mit ethischem Anspruch unternimmt etwas, das nicht voll und allgemein befriedigend gemeistert werden kann. Ausgehend von der Empörung der Jugend und der Problemverdrängung der Alten greift Döblin Kants Kritik der reinen und praktischen Vernunft auf und führt die Ahnung vom Heil über die Kierkegaardsche Verzweiflung und christliche Hoffnung herbei. Die Literaturgeschichte Griechenlands, Frankreichs, Englands und Deutschlands liefert die Bausteine für eine singulär dastehende, mehrschichtige Architektur eines modernen Psychologischen Romans, der um eine Problemlösung ringt, die außerhalb des Literarischen liegt, aber nur mittels Literatur vermittelt werden kann! Die Selbstproblematisierung des Autors steht innerhalb der Situation der Zerstörung im Jahr 1945 und weist zugleich den Weg aus dem Unheil, das ein seelisch und künstlerisch beweglicher Autor als Chance der Erneuerung interpretiert, wie Döblin es 1946 im Geleitwort zu seiner Literaturzeitschrift >Das Goldene Tor< formuliert hat:

„Jetzt sieht und fühlt man: eine Feuersbrunst hat sich ausgerast und hat einen schwarzen und verbrannten Boden, Ruinen und Krater hinterlassen. Schutt ist über die Städte und über die Menschen geworfen. Nicht wunderbar, dass die Menschen matt und unsicher herumstehen und versuchen, zu sich zu kommen. Sie sind in eine sonderbare Pause der Isolierung eingetreten. Die hat ihre Pein und ihre Schrecken, aber auch ihre Vorzüge, ihr Gutes. Denn jetzt kann sich keiner hinter einer 'Bewegung' verstecken. Keine Fahne nimmt dem einzelnen das Nachdenken und die Entscheidung ab und erspart ihm das Gegenüber mit sich selbst. Kein Urzustand, sondern ein Restzustand, ein Folgezustand, der aber Heilsames in sich trägt. Was soll man tun? Wie soll man sich retten?"[119]

Keine der Dissertationen über das Spätwerk Döblins widmet sich gezielt der vom Autor getroffenen Auswahl und den Zusammenhängen der aus der Literaturgeschichte entnommenen oder neu geschaffenen Stilmittel. In den neueren Arbeiten gibt es immerhin

---

[119] Alfred Döblin: >Das Goldene Tor<, in >Aufsätze zur Literatur<, S. 375

Ansätze einer Auswertung. Wolfgang Düsing nimmt wenigstens die Crenshaw-Erzählung in den Blick: „Ob Crenshaw, alias Gordon Allison, eine Figur mit einer bewusst getragenen Maske ist oder ein Mensch `mit auswechselbarer Persönlichkeit´, geht aus der Geschichte nicht hervor. Parallelen zwischen dem Frauenraub Crenshaws und Gordons Ehe mit Alice drängen sich auf. Der Erzähler nennt Gordon Allison, der ein bekannter und beliebter Schriftsteller ist, `den abenteuerlichen, unfassbaren, seiner Persönlichkeit nicht bewussten (oder doch bewussten?), den persönlichkeitsschwangeren Lord Crenshaw´[...] Die Crenshaw-Geschichte ist für Edward der Schlüssel zum Verständnis seines Vaters."[120] Zur Klärung der innerhalb einer Parenthese aufscheinenden Unsicherheit und zum grotesken Ausgang des Crenshaw-Theaterstücks wird noch nichts beigetragen. Barbara Baumann-Eisenack bringt die Rede auf die 1943 entstandene Erzählung >Der Oberst und der Dichter< und schließt auf eine wirkungsästhetische Funktion von vorgefundenem und aufgenommenem Erzählmaterial im Zusammenhang mit dem Orpheus-Mythus. Sie hat sich aber auf eine passivische Bedeutung des Schicksals-Begriffs festgelegt und wird daher dem Döblinschen Erzählerverhalten, das überlegen und auf unterschiedlichen Ebenen mit tradierten Stoffen umgeht und zudem stark auf den psychologischen Tiefengehalt von Sage, Märchen und Mythos bezogen hat, nicht gerecht: „Döblin überantwortet das kausal Unerklärbare dem Mythos und bringt in der Auseinandersetzung zwischen dem Oberst und dem Dichter mythische Geschichten zur Sprache. Der Mythos erscheint hier nicht als Bedrohung der Vernunft. Döblin verwendet ihn als ein das menschliche Schicksal in allen seinen Spielarten auslotendes Paradigma, das dem Künstler zur Verfügung steht, um den Menschen zu bewegen, zu rühren, nicht aber um ihm die Welt zu erklären oder ein besseres Modell der Welt zu entwerfen."[121] Wegen der partiell-stofflichen Fragestellung dieser Arbeit bleibt das für Döblin stark kennzeichnende Segment des politischen Eingreifens und eines doch vorwiegend auf der dichterischen Konzeption fußenden Heilsmodells außer Betracht. Weiter in die inhaltliche Essenz des Döblinschen Spätwerkes dringt Helmuth Kiesel mit seiner Untersuchung >Literarische Trauerarbeit<

---

[120] Wolfgang Düsing: >Erinnerung und Identität<, S. 154
[121] Barbara Baumann-Eisenack: >Der Mythos als Brücke zur Wahrheit<, S. 293

ein, ohne jedoch das Zusammenspiel der verwendeten epischen Kleinformen und deren Bezug zum Hamlet-Topos zu erörtern: „Wie Friedrich Becker (und vor ihm schon andere Döblinsche Helden) muss Edward Allison durch die `Schule´ des Unglücks und der Todeserfahrung gehen, um – wie Shakespeares Hamlet - `hellsichtig´ und unduldsam zu werden gegenüber den zuvor nur undeutlich empfundenen und resignativ ertragenen `Unstimmigkeiten´ des gesellschaftlichen und familiären Lebens. Vor diesem katastrophenträchtigen Hintergrund erhält Kierkegaards Verlangen nach Wahrheit und Redlichkeit für Edward Verbindlichkeit und setzt sich in jene `Passion des Fragens´ um, die – gleichsam als verspätete Bombe – in das vom Krieg verschonte Landhaus Allisons eindringt und soviel von der Fassade des kultiviert-bürgerlichen Lebens wegsprengt, dass – mit Martin Walsers und Jürgen Schröders Funktionsbestimmung für das Hamlet-Motiv in der Nachkriegsliteratur gesagt – öffentlich sichtbar wird und zur Sprache kommt, was vorher verborgen und verschwiegen wurde: die `Komplizenschaft´ der Elterngeneration mit dem Krieg."[122] Kiesel lenkt die Forschung auf die essentielle konstruktive und zugleich gesellschaftskritische Option in Döblins Spätwerk, womit der Autor Dostojewski überwunden und [den gewiss schon seit >Manas< und >Berlin Alexanderplatz< präsenten] Sören Kierkegaard integriert hat. Mittels vorgeformter und aus subjektiver Interessenlage erweiterter Textmaterialien verkompliziert Döblin jedoch noch einmal die erzählerische Tendenz zur Heilung der Gesellschaft, indem Literatur und ihre paradigmatischen fiktiven und psychologischen Gehalte an eine Grenze geraten und die Philosophie des Existenzialismus und des Christentums – aus der bitteren Zerstörungserfahrung der Familie resultierend – das letzte Wort haben. Die Romanschlüsse bilden eine vertiefte Selbstreferenz für eine eminent moderne Literatur, die um eine als Förderung begriffene Nähe zur Realität ringt und die Vorbehalte gegen Fiktionalität selbst thematisiert.

Bezüglich der künstlerischen Gestaltung eines Leidens an der eigenen Person und an der eigenen Familie in Ausrichtung auf eine grundlegende Reform der sozialen Beziehungen und der Gesellschaftsstruktur insgesamt lässt sich in der Literaturgeschichte nur schwerlich eine Parallele finden. Wohl aber gibt es Werke, welche

---

[122] Helmuth Kiesel: >Literarische Trauerarbeit<, S. 494

die Ich-Findung eines Menschen und die Problematik des Unabhängig-Werdens in den Mittelpunkt einer literarisch-psychologischen Betrachtung stellten, ohne allerdings die Möglichkeiten traditioneller und moderner Kunst mitzuproblematisieren, wie Döblin es mit dem >Hamlet<-Roman unternommen hat. Hermann Hesse schildert die Not eines zunächst noch nach außen orientierten jungen Mannes, Emil Sinclair, der in der Einsamkeit die eigene Mitte entdecken und dabei die letzte Abnabelung von den Eltern vollziehen muss. Selbst die wichtigste Leitfigur der Erzählung, Demian (zugleich Werktitel), erweist sich schließlich nur – und sogar – als Stimme, die aus dem Selbst heraus zu Selbständigkeit und zum Ausleben der eigenen Individualität aufruft:

„Auch den harmlosen Menschen bleibt es kaum erspart, einmal oder einige mal im Leben in Konflikt mit den schönen Tugenden der Pietät und der Dankbarkeit zu geraten. Jeder muss einmal den Schritt tun, der ihn von seinem Vater, von seinen Lehrern trennt, jeder muss etwas von der Härte der Einsamkeit spüren, wenn auch die meisten Menschen wenig davon ertragen können und bald wieder unterkriechen [...] Da richtet jeder Gedanke, der den Freund oder Lehrer abweist, sich mit giftigem Stachel gegen unser eigenes Herz, da trifft jeder Hieb der Abwehr ins eigene Gesicht. Da tauchen dem, der eine gültige Moral in sich selber zu tragen vermeinte, die Namen `Treulosigkeit´ und `Undankbarkeit´ wie schändliche Zurufe und Brandmäler auf, da flieht das erschrockene Herz angstvoll in die lieben Täler der Kindheitstugenden zurück und kann nicht daran glauben, dass auch dieser Bruch getan, dass auch dieses Band zerschnitten werden muss."[123]

Unter Vorbehalten bietet sich auch ein Vergleich von Döblins >Hamlet< mit Max Frischs Psychologischem Roman >Stiller< an, der das Identitäts- und zugleich das Bildnis-Problem umkreist. Der Titelheld entschließt sich eines Tages das bisherige berufliche und private Leben aufzugeben, zieht sich für sechs Jahre in die Fremde zurück und konfrontiert dann seine frühere Umgebung mit seiner neuen Identität, die ihm jedoch nicht geglaubt wird. Sein inneres Problem, die Künstlerexistenz ad acta zu legen und mit der handwerklichen Profession eines Töpfers zu vertauschen und zugleich seine Frau Julika gewandelt als neue Geliebte zu betrachten, wird von

---

[123] Hermann Hesse: >Demian<, S. 122

seiner Umwelt nicht als solches verstanden und von den staatlichen Institutionen behindert. Frischs Romanheld – das Werk ist mit einem Motto aus Kierkegaards >Entweder-Oder< versehen – handelt aus bestem Gewissen und aus der Verzweiflung heraus befremdlich; er will ein anderer sein, als er bisher war, und ist nicht mehr bereit, ein Rollenverhalten fortzuführen, das seinem echten Selbst nicht entspricht. Wie Döblins Figuren empfindet Stiller Kommunikationsschwierigkeiten, die eine sprachliche Vermittlung der inneren Katastrophe nur andeutend zulassen:

„Wiederholung! Dabei weiß ich: alles hängt davon ab, ob es gelingt, sein Leben nicht außerhalb der Wiederholung zu erwarten, sondern die Wiederholung, die ausweglose, aus freiem Willen (trotz Zwang) zu seinem Leben zu machen, indem man anerkennt: Das bin ich [...] Soll ich mich ergeben? Mit Lügen ist es ohne weiteres zu machen, ein einziges Wort, ein sogenanntes Geständnis, und ich bin `frei´, das heißt in meinem Fall dazu verdammt, eine Rolle zu spielen, die nichts mit mir zu tun hat. Andererseits: Wie soll einer denn beweisen können, wer er in Wirklichkeit ist? Ich kann´s nicht. Weiß ich es denn selber, wer ich bin? Das ist die erschreckende Erfahrung dieser Untersuchungshaft: Ich habe keine Sprache für meine Wirklichkeit!"[124]

Um vergleichend ermessen zu können, wie multifunktional Döblin seinen >Hamlet<-Roman konzipiert hat, soll noch auf Frischs Drama >Andorra< Bezug genommen werden. Dieses am 2.11.1961 in Zürich uraufgeführte Bühnenstück hebt besonders die Schuld hervor, die darin besteht, dass Menschen sich ein bestimmtes Bild vom anderen zurechtlegen und diesen dadurch in eine Schablone pressen, die im Falle des Helden, des andorranischen Jungen Andri, zur Selbstakzeptanz negativer Klischees und zur tödlichen Ausgrenzung führt. Der Monolog des Amtsarztes vor der Gerichtsszenerie des Theaters fördert dann ein nur halbherziges Bedauern des eigentlich feigen und gedankenlosen Verhaltens zutage:

„Ich gebe zu: Wir haben uns damals alle getäuscht, was ich selbstverständlich nur bedauern kann. Wie oft soll ich das noch sagen? Ich bin nicht für Gräuel, ich bin es nie gewesen. Ich habe den jungen Mann übrigens nur zwei- oder dreimal gesehen. Die Schlägerei, die später stattgefunden haben soll, habe ich nicht

---

[124] Max Frisch: >Stiller<, S. 54 u. 65

gesehen. Trotzdem verurteile ich sie selbstverständlich [...] Ich kann nur sagen, dass es nicht meine Schuld ist, einmal abgesehen davon, dass sein Benehmen (was man leider nicht verschweigen kann) mehr und mehr (sagen wir es offen) etwas Jüdisches hatte, obschon der junge Mann, mag sein, ein Andorraner war wie unsereiner. Ich bestreite keineswegs, dass wir sozusagen einer gewissen Aktualität erlegen sind. Es war, vergessen wir nicht, eine aufgeregte Zeit."[125]

In Max Frischs Theaterstück entlarvt sich ein Schuldiger – einer von vielen – in Form des uneigentlichen Sprechens als unfähig zu echter Reue und Einsicht in den Zusammenhang zwischen Negativbild und der Auslieferung des ausgegrenzten Menschen an den Nazi-Henker. Alfred Döblins >Hamlet<-Roman bezieht die private Schuld im innerfamiliären Vorfeld und das schwierige Unterfangen, sich nach der politischen Katastrophe ein wahres Bild von Schuld oder Verhängnis zu machen, in ein breit ausgespanntes Beziehungsgefüge eines Psychologischen und zugleich Politischen Romans ein. Döblins geschädigte Helden raffen sich – vom Rand des Lebens zum Tod herkommend – wieder auf, stellen sich bis in den innersten Kern ihrer Personalität in Frage und firmieren dann ihre gesamte Willenskraft zugunsten einer Wandlung jener Gesellschaft, der sie einmal als unreflektiert handelnde Glieder angehörten und die sie selbst schwer verletzt und auf dem einsamen und leidvollen Erkenntnisweg andauernd behindert hat.

---

[125] Max Frisch: >Andorra<, Frankfurt 1969, S. 104

Schlusswort: Artistik von Gattungen und Formen zum Zweck umfassender politischer, gesellschaftlicher und persönlicher Kritik

Alfred Döblin greift in existenzieller Betroffenheit über den Wahn einer ganzen Gesellschaft, der sich in Kriegsbereitschaft und in der Unfähigkeit zu institutioneller und persönlicher Wandelbarkeit ausdrückt, zu dieser riesenhaften Palette von sprachlichen Stilmitteln aus allen Epochen der Literaturgeschichte. Alles, was je erfunden und eingesetzt wurde, um Menschen aufzurütteln und um sie selber und ihre Staatsorganisation des Versagens wegen Friedensunfähigkeit zu zeihen, wird vom Autor für die generelle Intention seiner beiden Antikriegsromane verfügbar gemacht. Im Geschichtsroman >November 1918< kämpft ein leiderfahrener Lehrer gegen die politische und moralische Unaufgeklärtheit von Alt und Jung, im Familienroman <Hamlet oder Die lange Nacht nimmt ein Ende> rennt ein kriegsbeschädigter Schüler gegen die Borniertheit und Festgefahrenheit der Elterngeneration an. Zielt der Dichter zwischen 1937 und 1943 (die erste vollständige deutsche Ausgabe der >November 1918<-Tetralogie erscheint erst 1949) noch in beträchtlichem Umfang auf die politischen Verhältnisse im Nachkriegsdeutschland von 1918 und den folgenden Jahren und die strukturelle Reformunfähigkeit der jungen, noch vom wilhelminischen Machtstaat geprägten Republik, so setzt er 1945 bis 1946 den Schwerpunkt des >Hamlet<-Werkes beim ungemein mühsamen Enthüllungsvorgang im jugendlichen beinamputierten Helden an. Sowohl der Exoffizier Friedrich Becker als auch der Exsoldat Edward Allison ringen in schmerzlichen, psychiatrisch und philosophisch gestalteten Ich-Findungs- und Erkenntnisprozessen um das Heraustreten eines neuen Selbst aus der Tiefe ihres Inneren. Doch nicht Carl Gustav Jungs Analytische Psychologie allein ist es, welche die Traumen der passiven Hauptpersonen beenden kann; die Beruhigung dieser vom Krieg und der Uneinsichtigkeit ihrer Umwelt geschundenen Männer erfolgt erst im Ausgriff ihrer Seelen aus der körperlichen und seelischen Marter nach oben im Enthüllungsvorgang gemäß Sören Kierkegaard und im endgültigen Halt beim Offenbarungsträger und Schmerzensmann Jesus Christus. Wie der Autor selbst Ende 1941 im amerikanischen Santa Monica die

Konversion zum katholischen Christentum vollzogen hat – nachdem sich seine Affinität zum christlichen Glauben bereits bei seiner Flucht durch Frankreich in der Kathedrale von Mende Mitte 1940 angedeutet hatte –, vollführen die beiden Hauptfiguren seiner letzten großen Romane die Wendung zu einem essenziellen Glaubenshalt in der Weise des christlichen Existenzialismus. Aus dieser nach langem, zermürbendem Kampf endlich erlangten Bastion finden Friedrich und Edward schließlich zu einer Friedensethik, die der bloßen Traditionspflichtigkeit der jeweils feindlichen Umgebung standhält und zu Auseinandersetzungen mit der Ideologie einer unreflektierten Staatstreue und des gewohnten Militarismus befähigt. Freilich testet der nie mit der erreichten Position zufriedene Autor seine Helden auch hier noch einmal, weil er die Wechselfälle des Lebens und die Schwierigkeit, gegen die Fessel der Tradition und gegen die ungewandelte Volksmehrheit moralisch standzuhalten, selbst schmerzlich während seines eigenen Leidensweges auf der Flucht, im Exil und noch nach der Rückkehr aus Amerika nach Deutschland ab Ende November 1945 erfahren hat. So nimmt der Pazifist Becker aus Solidarität mit einem Freund noch einmal eine Schusswaffe in die Hand, und so gibt der Kriegsgegner Edward seine Angriffe gegen die konservativen und zerstrittenen Eltern auf. Der eine verwahrlost schließlich als Gottesdienststörer und Landstreicher, der andere geht zunächst ins Kloster (erster Romanschluss 1946) und gibt dann sein Vermögen an die Armen weiter (zweites geändertes Romanende 1956). Die inhaltliche Komplexität der beiden Antikriegsromane ergibt sich aus dem gewaltigen Anliegen des Autors, möglichst sämtliche Versagensursachen als auch alle fassbaren Heilungsmöglichkeiten für die typisch deutsche Problem- und Bewusstseinslage in die umfangreichen Werke einzubeziehen. Döblin denkt zugleich historisch, politologisch, psychiatrisch, psychologisch, philosophisch und theologisch. Er kennt den deutschen Staat und den deutschen Menschen. In seine Erzählhaltung geht alles Positive und alles Negative ein. In die Hoffnung auf Genesung der deutschen Gesellschaft mengt sich der Pessimismus, dass eine nach innen und nach außen friedliche Existenzweise bereits zweimal misslungen ist. Die konstruktive Retrospektive ist vom Wissen um die Schwerveränderbarkeit der Staatsinstitutionen und der Verweigerung gegenüber der notwendigen geistigen Aufgeklärtheit und der seelischen Wandlungsbereitschaft unterhöhlt. Die inhaltliche Komplexität korrespondiert mit der formalen Artistik. Der Autor Döblin `schießt´ literarisch aus allen Rohren auf die starre deutsche Festung. Es sind gestörte Hoffnung und ethisch durchwirkter Pessimismus zugleich, die Gehalt und Kunststruktur der Altersromane prägen. Sowohl vehementer Aktivismus als auch demütiges Stillehalten sind anzutreffen. Nicht einmal vor dem Dichterwort selbst machen die Gestaltungsprinzipien von Konstruktivität und Destruktivität Halt. Sogar der Autor zweifelt an der Wirksamkeit der ergreifenden und mahnenden Erzählgehalte. Trotzdem setzt er alle Mittel ein, über die ein kenntnisreicher und erzähltechnisch phantasievoller und versierter Dichter verfügt, und er genügt einer innerlichsten Pflicht, indem er die Leitmotive von Schuld, Verhängnis und der Suche nach diversen Auswegen in seine psychologisch und philosophisch durchdachten Sprachbilder einbringt.

Die deutsche Literaturgeschichte hat in Alfred Döblin einen höchst verantwortungsvollen, von der Sorge um die ganze Gesellschaft aufgerüttelten politischen Autor vor sich, dessen höchstartifizielle Romankonzeptionen im gesamten Alterswerk die Gattungs- und Epochenbarrieren sprengen und die zeigen, dass aus der tiefgreifenden Erschütterung über Kriegsleid und gesellschaftlichen Irrtum neuartige, beziehungsreiche und multifunktionale Darstellungsweisen und Formvernetzungen möglich und nötig geworden sind.

Literaturverzeichnis

Döblin-Texte:

>Hamlet oder Die lange Nacht nimmt ein Ende<, Olten u.
Freiburg i. Br. 1976

>November 1918< Eine deutsche Revolution, Bd 1 >Bürger und
Soldaten<, Bd 2 >Verratenes Volk<, Bd 3 >Heimkehr der
Fronttruppen<, Bd 4 >Karl und Rosa<, Olten u. Freiburg i.
Br. 1980

>Die Zeitlupe<, Kleine Prosa, Olten u. Freiburg i. Br. 1962

>Aufsätze zur Literatur<, Olten u. Freiburg i. Br. 1963

>Schriften zur Politik und Gesellschaft<, Olten u. Freiburg i. Br.
1972

>Autobiographische Schriften und letzte Aufzeichnungen<,
Olten u. Freiburg i. Br. 1972

>Schriften zur Ästhetik, Poetik und Literatur<, Olten u. Freiburg
i. Br. 1989

Döblin-Literatur:

Baumann-Eisenack Barbara: >Der Mythos als Brücke zur
Wahrheit. Eine Analyse ausgewählter Texte Alfred Döblins<,
Idstein 1992, >Beiträge zur Sprach- und
Literaturwissenschaft< Bd. 105

Düsing Wolfgang: >Erinnerung und Identität. Untersuchungen

zu einem Erzählproblem bei Musil, Döblin und Doderer<,

München 1982

Frühwald Wolfgang: >Rosa und der Satan. Thesen zum

Verhältnis von Christentum und Sozialismus im Schlussband

von Alfred Döblins Erzählwerk `November 1918´<, in

>Internationale Döblin-Kolloquien 1980-1983<, >Jahrbuch

für Internationale Germanistik< Reihe A, Bd 14, Bern,

Frankfurt, New York 1986

Keller Otto: >Döblins Montageroman als Epos der Moderne<,

München 1980

Kiesel Helmuth: >Literarische Trauerarbeit. Das Exil- und

Spätwerk Alfred Döblins<, >Studien zur Deutschen

Literatur< Bd 89, Tübingen 1986

Kleinschmidt Erich: >Der Roman – eine `neue Bühne´<, in

>Internationale Döblin-Kolloquien 1980-1983<, >Jahrbuch

für Internationale Germanistik< Reihe A, Bd 14, Bern,

Frankfurt, New York 1986

Mader Helmut: >Sozialismus- und Revolutionsthematik im

Werk Alfred Döblins. Mit einer Interpretation seines Romans

`November 1918´<, Mainz 1977

Jochen Meyer (Hrsg.): >Alfred Döblin 1878-1978. eine

Ausstellung des Deutschen Literaturarchivs im Schiller-

Nationalmuseum<, Marbach 1978, Katalog 30

Osterle Heinz-Dieter: >Auf den Spuren der Antigone. Sophokles,

Döblin, Brecht<, in >Internationale Döblin-Kolloquien 1980-

1983<, >Jahrbuch für Internationale Germanistik<, Reihe A, Bd 14, Bern, Frankfurt, New York 1986

Qual Hannelore: >Natur und Utopie. Weltanschauung und Gesellschaftsbild in Alfred Döblins `Berge, Meere und Giganten´<, Freiburg, München 1992

Veit Wolfgang: >Erzählende und erzählte Welt im Werk Alfred Döblins<, Tübingen 1970

Wambsganz Friedrich: >Das Leid im Werk Alfred Döblins. Eine Analyse der späten Romane in Beziehung zum Gesamtwerk<, >Europäische Hochschulschriften<, Reihe 1, Bd 1728, Frankfurt, Berlin, Bern, Brüssel, New York 1999

Wambsganz Friedrich: >Widerstand statt Demut. Neue Thesen zu Alfred Döblins `Berlin Alexanderplatz´<, in >Internationales Alfred-Döblin-Kolloqium Berlin 2001<, Bern, Berlin, Brüssel, Frankfurt, New York 2003

Sekundär-Literatur:

Arntzen Helmut: >Literatur im Zeitalter der Information<, Frankfurt 1971

Denkler Horst: >Drama des Expressionismus<, München 1967

Knörrich Otto: >Formen der Literatur<, Stuttgart 1991

Martini Fritz: >Deutsche Literaturgeschichte<, Stuttgart 1968

Pätzold Kurt (Hrsg.): >Biographien zur deutschen Geschichte<, Berlin 1991

Rischbieter Henning: >Brecht I<, in <Friedrichs Dramatiker des Welttheaters<, Bd 13, Velber/Hannover 1968

Viviani Annalisa: >Dramaturgische Elemente des expressionistischen Dramas<, Bonn 1970

Wilpert Gero v.: >Sachwörterbuch der Literatur<, Stuttgart 1969

Zmegac Viktor, Skreb Zlenko, Sekulic Ljerka (Hrsg.): >Geschichte der deutschen Literatur<, Berlin 1993

Handbücher:

Brockhaus Enzyklopädie in 24 Bänden, Bd 22, München 1993

Deutsche Philologie im Aufriss, hrsg. v. W. Stammler, Bd III, Berlin 1979

Enzyklopädie der Philosophie, hrsg. v. M. Elser, Augsburg 1992

Harenbergs Lexikon der Weltliteratur, hrsg. v. F. Bondy, Frenzel, J. Kaiser, L. Kopelew, H. Spiel, Bde 1, 2, 4, Dortmund 1989

Kindlers Neues Literatur Lexikon, hrsg. v. Walter Jens, Bde 1, 3, 7, 15, München 1989

Metzler Literatur Chronik, hrsg. v. Volker Meid, Stuttgart, Weimar 1993

Propyläen – Geschichte der Literatur, hrsg. v. E. Wicher, Bd 6, Berlin 1988

Primär-Autoren:

Dürrenmatt Friedrich: >Die Physiker<, Zürich 1962

Frisch Max: >Stiller<, Frankfurt a. M. 1965

Frisch Max: >Andorra<, Frankfurt a. M. 1969

Goethe Wolfgang v.: >Faust. Erster und zweiter Teil<, München
    1979

Hasenclever Walter: >Der Sohn<, Leipzig 1917

Hesse Hermann: >Siddharta<, Frankfurt a. M. 1974

Hesse Hermann: >Demian<, Frankfurt a. M. 1974

Hauptmann Gerhart: >Vorwort zu `Hamlet in Wittenberg´<, in
    >Leipziger Neueste Nachrichten< v. 19.11.1935

Toller Ernst: >Die Wandlung. Das Ringen eines jungen
    Menschen<, in Sammelband >Der dramatische Wille<,
    Potsdam 1919

Toller Ernst: >Arbeiten<, in >Zwei Stücke der Revolution<,
    Berlin 1977

Weiss Peter: >Die Verfolgung und Ermordung Jean Pauls Marats
    dargestellt durch die Schauspielgruppe des Hospizes zu
    Charenton unter Anleitung des Herrn de Sade<, Frankfurt a.
    M. 1964